Michael Lamberty

Literatur-Kartei
„Der Vorleser"

Schülerarbeitsmaterial für die Sekundarstufen

Diese Literatur-Kartei bezieht sich auf das Buch
„Der Vorleser" von Bernhard Schlink,
erschienen beim Diogenes Verlag,
Zürich 1997, ISBN 3-257-22953-4.

Verweise auf mögliche Neuauflagen finden Sie
auf unserer Homepage unter
www.verlagruhr.de

Impressum

Titel: Literatur-Kartei „Der Vorleser"
Autor: Michael Lamberty
Druck: Druckerei Uwe Nolte, Iserlohn
Verlag: Verlag an der Ruhr
Postfach 10 22 51, D-45422 Mülheim an der Ruhr
Alexanderstr. 54, D-45472 Mülheim an der Ruhr
Tel.: 02 08 – 43 95 4 50 Fax: 02 08 – 43 95 4 39
E-Mail: info@verlagruhr.de
www.verlagruhr.de

ISBN 3-86072-613-7
© Verlag an der Ruhr 2001

*Die Schreibweise der Texte folgt
der reformierten Rechtschreibung.*

*Trotz intensiver Bemühungen war es uns leider
nicht möglich, die Rechte für alle Fotos und Texte
ausfindig zu machen. Wir bitten eventuell betroffene
Rechteinhaber, sich mit uns in Verbindung zu setzen.*

Alle Vervielfältigungsrechte
außerhalb der durch die Gesetz-
gebung eng gesteckten Grenzen
(z.B. für das Fotokopieren)
liegen beim Verlag.

**Ein weiterer
Beitrag zum
Umweltschutz:**

*Das Papier, auf das
dieser Titel gedruckt ist, hat
ca.* **50% Altpapieranteil,**
der Rest sind **chlorfrei**
gebleichte Primärfasern.

Inhaltsverzeichnis

- 4 | Vorwort
- 5 | Bernhard Schlink – eine Kurzbiographie
- 6 | **HANDWERKSZEUG** Das Stundenprotokoll
- 7–9 | Beziehungskisten
  - 1 *Geliebte Jungs?*
  - 2 *Peter Maffay: „Und es war Sommer"*
  - 3 *Beziehung zwischen Erwartung und Realität*
- 10 | Lebensläufe
- 11 | Von Romantik keine Spur
- 12 | Das Haus in der Bahnhofstraße – ein magischer Ort
- 13–15 | Die geordnete Gesellschaft der 50er-Jahre
- 16/17 | Vom guten Ton – Partnerschaft und Sexualität in den 50ern
- 18 | Die Verführerin (siehe dazu auch 19)
- 19 | **HANDWERKSZEUG** Der Umgang mit Zitaten
- 20/21 | Hanna und Michael – Motive für ihre Beziehung
- 22 | Intime Rituale
- 23 | Vom Jungen zum Mann
- 24 | Die Straßenbahnschaffnerin
- 25 | Der Vorleser
- 26 | Machtspiele: Die Straßenbahnepisode
- 27 | Von der Macht der Ohnmächtigen
- 28 | Wochenend' und Sonnenschein
- 29 | Küsse und Schläge
- 30 | Im Gleitflug der Liebe
- 31–33 | Schuld und Unschuld
- 34 | „Die Leichtigkeit des Seins"
- 35 | Last der Vergangenheit
- 36–38 | „Einmal muss Schluss sein"
- 39–42 | Das Problem der zweiten Schuld
  - 1 *Ralph Giordano: Das Problem der „zweiten Schuld"*
  - 2/3 *Erste Maßnahmen der Aliierten zur Entnazifizierung*
  - 4 *Hintergründe und Fakten*
- 43/44 | Martin Walser: Dankesrede für den Friedenspreis des Deutschen Buchhandels
- 45/46 | Wer sich nicht wehrt, lebt verkehrt
- 47/48 | Die Avantgarde der Aufarbeitung
  - 1 *Dörte von Westernhagen: Die Kinder der Täter*
  - 2 *Aufarbeitung von unbewältigter Vergangenheit? / Rechtsauffassungen im Spannungsfeld*
- 49 | Bernhard Schlink zur Aufarbeitungsarbeit
- 50 | **HANDWERKSZEUG** Aufsatzform: Erörterung (Mind-map©-Methode) Begründg.
- 51 | **HANDWERKSZEUG** Aufsatzform: Bausteine einer Erörterung
- 52 | **HANDWERKSZEUG** Im Spiegel der Presse – Zeitungsnachricht und Reportage
- 53 | Hanna: KZ-Aufseherin
- 54 | KZ-Aufseherinnen
- 55–58 | Täter und Opfer
  - 1 *Texte von Peggy Parnass und Ruth Klüger*
  - 2 *Text von Fania Fénelon*
  - 3/4 *Text von Kurt Gerstein*
- 59 | Die Ereignisse in der Bombennacht
- 60 | Nach der Befreiung
- 61 | Hannas Verhalten vor Gericht
- 62/63 | Körpersprache, ein Spiegel der Seele?
- 64 | Betäubung und Distanz
- 65 | Verstehen und/oder verurteilen
- 66 | Hannas Geheimnis: Analphabetismus
- 67/68 | Analphabetismus ist Unmündigkeit
- 69 | Hannas Lebenslüge im Rückblick
- 70 | Ver-Urteilen: Nach bestem Wissen und Gewissen
- 71 | Die rettende Instanz
- 72 | „Die Banalität des Bösen"
- 73/74 | Das Konzentrationslager Natzweiler-Struthoff
- 75–77 | Im Namen der Medizin – „medizinische" Versuche in KZs
- 78 | System der Konzentrationslager
- 79 | Suche nach Antworten
- 80/81 | Ganz normale Menschen?
- 82 | Das Gespräch mit dem Richter
- 83 | Das Leben danach
- 84/85 | Flucht in die Distanz
- 86 | Der Vorleser – aus der Distanz
- 87 | Eiszeit
- 88 | Hannas Schritt in die Mündigkeit
- 89 | Begegnung am Rande der Freiheit
- 90 | Hannas Selbstmord
- 91 | Die Problematik von Sühne und Wiedergutmachung
- 92/93 | Sühne und Wiedergutmachung – Täter vor Gericht
- 94/95 | **HANDWERKSZEUG** Literaturkritik: Rezensionen schreiben
  - 1 *Merkmale einer Rezension / „Der Vorleser" in der Kritik*
  - 2 *Claus-Ulrich Bielefeld: Die Analphabetin*
- 96 | Literatur
- 97/98 | **Anhang:** *Im „Vorleser" vorkommende Autoren und Werke; Übersichtskarte zur Verteilung der Konzentrationslager; Auflösung zu S. 10 „Lebensläufe"*

© Verlag an der Ruhr, Postfach 10 22 51, 45422 Mülheim an der Ruhr, www.verlagruhr.de

Literatur-Kartei „Der Vorleser"

*Liebe Schülerinnen,
liebe Schüler,*

Vorwort

Bernhard Schlinks Roman „Der Vorleser", der in 25 Sprachen übersetzt worden ist, ist der international erfolgreichste deutsche Roman des letzten Jahrzehnts. In den Rezensionen wurde er überwiegend sehr positiv bewertet. Derzeit wird er in den USA verfilmt. Trotzdem findet der Roman auch nach seinem Erscheinen als Taschenbuch in Deutschland etwas zögerlich Eingang in den Literaturunterricht.

Das mag zum einen an dem Thema liegen, schließlich wird im „Vorleser" offen die problematische sexuelle Beziehung einer Mittdreißigerin zu einem 15-jährigen Schüler geschildert. Und das mag manch ein Lehrer* nicht gerade gerne im Literaturunterricht besprechen.

Zum anderen scheuen viele vor der Auseinandersetzung mit der NS-Vergangenheit zurück. – Sei es, weil in ihren Augen die Nähe zur „Sex-Geschichte" bei einer ernsthaften Auseinandersetzung mit der Thematik stört. Sei es, weil die ausführliche Beschäftigung mit der NS-Thematik in den Fächern Geschichte und Religion/Ethik ihnen als ausreichend erscheint.

Auch ich bin zunächst mit etwas gemischten Gefühlen an den „Vorleser" herangegangen. Meine Erfahrungen haben aber schnell gezeigt, dass die Vorbehalte unbegründet sind.

Zum einen erscheint es heute nahezu allen als selbstverständlich, ungezwungen auch mit ungewöhnlichen Formen der Sexualität umzugehen und auch darüber zu sprechen. Peinlichkeiten kommen da so gut wie nie vor. Und die psychologischen Dimensionen der Beziehung und die ethisch-moralischen Fragen, mit denen der Protagonist konfrontiert wird, machen das Buch gerade für Sie als Jugendliche interessant.

Gerade jugendlichen Lesern bietet die Hauptfigur „Michael" aufgrund seines Alters sehr gute Idenfikationsmöglichkeiten, was ganz im Sinne von Bernhard Schlink „über das Lesen zur Selbstaufklärung" beitragen kann.

Schlinks klare aber doch differenzierte Sprache und seine spezielle Perspektive, die intime Einblicke in das Denken und Fühlen seiner Protagonisten ermöglicht, machen den Roman allen leicht zugänglich. Seine Vielschichtigkeit regt den Leser in hohem Maße an, sich mit dem Text und seinen Fragen auseinander zu setzen.

Für Besprechung einzelner Sequenzen oder Kapitel erweist es sich als geschickt, wenn Sie ein Agreement treffen, den Roman in Abschnitten nach Büchern und nicht als Ganzes zu lesen. Beschränkt man sich zunächst auf die Lektüre des ersten Buches, bleiben die Ereignisse länger in der Schwebe und werden nicht gleich durch Geschehen und Erkenntnisse aus späteren Lebensphasen des Protagonisten gedeutet und überprägt. Die Perspektive behält ihren Reiz, und es gelingt leichter, das Geschehen des ersten Buches unvoreingenommen aus der Sicht des Helden zu verfolgen und erleben. Seine Unfähigkeit, sich einen Reim auf die Dinge zu machen, geben der Lektüre eine besondere Note.

*) Aus Gründen der besseren Lesbarkeit haben wir in dieser Literatur-Kartei durchgehend die männliche Form verwendet. Natürlich sind damit auch immer die Frauen und Mädchen gemeint, also die Lehrerinnen, Schülerinnen etc.

Literatur-Kartei „Der Vorleser"

© Verlag an der Ruhr, Postfach 10 22 51,
45422 Mülheim an der Ruhr,
www.verlagruhr.de

Bernhard Schlink – eine Kurzbiographie

Bernhard Schlink, geboren 1944 bei Bielefeld, aufgewachsen in Heidelberg und Mannheim, studierte Jura.

Er ist heute Professor der Rechtswissenschaften in Berlin und Bonn und Verfassungsrichter in Nordrhein-Westfalen. Er vertrat die SPD-geführten Länder im Verfahren um den Abtreibungsparagrafen 218 vor dem Bundesverfassungsgericht.

Nebenher ist Bernhard Schlink ein sehr erfolgreicher Schriftsteller. 1987 erschien sein erster Roman, „Selbs Justiz", ein Krimi; für seinen zweiten Roman, „Die gordische Schleife", erhielt er 1989 den Autorenpreis für deutschsprachige Kriminalliteratur, für „Selbs Betrug" 1993 den Deutschen Krimi-Preis.

Sein 1995 erschienener Roman „Der Vorleser" wurde zum überwältigenden Erfolg, zum Weltbestseller. Schlink erhielt dafür 1997 den Hans-Fallada-Preis der Stadt Neumünster, den italienischen Literaturpreis Grinzane Cavour, den französischen Prix Laure Bataillon, 1999 den erstmals verliehenen Welt-Literaturpreis sowie 2000 die Ehrengabe der Düsseldorfer Heinrich-Heine-Gesellschaft. „Der Vorleser" erreichte als erstes deutsches Buch Platz eins auf der New-York-Times-Bestsellerliste.

(Foto: Isolde Ohlbaum)

Schlink:

Dass ich mit dem „Vorleser" auf Platz 1 der New-York-Times-Bestsellerliste stehe, das freut mich natürlich. Und es freut mich besonders, weil ich gerade beim „Vorleser" nicht mit besonderem Erfolg gerechnet hatte. Ich war darauf gefasst, dass der Verlag das Buch ablehnen würde. Dass er sagen würde, bleiben Sie lieber bei Ihren Krimis. Und als „Der Vorleser" akzeptiert wurde, dachte ich, wenn er so viele Leser findet wie meine Krimis, bin ich schon zufrieden.
(Aus: DIE WELT, 3.4.1999)

Der in 25 Sprachen übersetzte Roman wird vom Regisseur und Oscar-Preisträger Anthony Minghella *(Der englische Patient, Der talentierte Mr. Ripley)* in Hollywood verfilmt. 2000 erschienen die Erzählungen „Liebesfluchten".

Auf die Frage, ob er jetzt nicht das Schreiben zu seinem Hauptberuf machen wolle, antwortete Schlink in einem Interview:

Nein. Ich bin nirgends ganz zu Hause. In der juristischen Wissenschaft nicht, weil ich schreibe, und nicht in der Schriftstellerei, weil ich Jurist bin. Ausschließlich zu schreiben zögere ich auch deswegen, weil ich die Aufgaben, Kontakte und Konflikte meines beruflichen Lebens als anregende und herausfordernde Lebensfülle erfahre. Die Verlorenheit an sich selbst scheint mir eines der Probleme der deutschen Schriftsteller zu sein. Auch in dieser Hinsicht leuchtet mir die amerikanische Auffassung von Autorenschaft mit ihrer Einbindung ins Soziale sehr ein. Außerdem ist es für einen beamteten Professor gar nicht so einfach auszusteigen.
(Aus: DIE WELT; 3.4.1999)

HANDWERKSZEUG
Das Stundenprotokoll

Zur Dokumentation der Literaturarbeit und als eine Art Sicherheitsnetz für den Fall, dass Sie diese oder jene Stunde verpasst haben, empfiehlt sich die Anlage von Stundenprotokollen.

Diese können in einer Mappe gesammelt werden und sind auf diese Weise für alle jederzeit einsehbar und nachlesbar.

Es mag auf den ersten Blick lästig erscheinen, Stundenprotokolle anzufertigen. Es handelt sich dabei jedoch um eine wichtige Schreibform des Deutschunterrichts und vor allem um eine sehr nützliche Fertigkeit, die Sie auch in anderen Fächern und später, im Studium und Beruf gut gebrauchen können.

Das Anfertigen dieser Protokolle ist gar nicht so schwierig, wenn man bestimmte Regeln beachtet. Die folgende Anleitung kann da recht hilfreich sein. Geschickt ist es, wenn Sie das Stundenprotokoll zusammen mit einem Partner übernehmen.

Vier Ohren hören im Unterricht mehr, und die Ausformulierung fällt dann auch in Gemeinschaftsarbeit leichter. Wer kann, sollte für diese Arbeit seinen Computer einsetzen. Wichtig ist, dass die Protokolle zur folgenden Unterrichtsstunde vorliegen.

Kurs/Klasse und Fach:

Kursleiter/Fachlehrer:

Protokoll vom:

Protokollant/in:

Thema der Stunde:

1. Einordnung der Stunde/n in den **Gesamtzusammenhang der Unterrichtseinheit.** Z.B.: *„Wir untersuchten die Bedeutung der Straßenbahn-Episode (1. Buch, 10. Kapitel)."*

2. **Darstellung der Ergebnisse:** Das Stundenprotokoll hat Elemente des Ergebnisprotokolls (im Präsens) und des Verlaufsprotokolls (im Präteritum), wie es bei Gericht üblich ist. Das heißt: Entscheidend sind die Ergebnisse, aber der Unterrichtsverlauf, das Vorgehen bei der Erarbeitung, sollte auch sichtbar werden. Also muss die Darstellung in sich gegliedert sein durch Absätze oder Ziffern bzw. beides.

3. **Formulierungen:** Wichtig sind verständliche Formulierungen. **Fremdwörter** sollten möglichst erklärt werden. Natürlich nur die Fremdwörter, die als Begriffe für Sachverhalte neu eingeführt wurden.

4. **Abschluss:** Am Schluss der Darstellung kann eine **Zusammenfassung der Ergebnisse** stehen. Daran anschließend können offene Fragen notiert werden. Außerdem kann der Protokollant seine **Meinung** zu jedem Punkt der Stunde darlegen, wenn er/sie will.

<u>Anhand dieser Kriterien können sich folgende Bewertungsfragen für den Lehrer ergeben:</u>

1. Enthält das Protokoll die notwendigen Angaben über das Thema und den Gesamtzusammenhang?
2. Ist der Text übersichtlich angelegt?
3. Ist die Darstellung der Ergebnisse und Methoden, die zu den Ergebnissen führten, sachlich richtig?
4. Wurde die Darstellung überflüssiger Einzelheiten vermieden, das Wichtige vom Unwichtigen getrennt?
5. Wurde klar und verständlich formuliert?
6. Kann jemand, der in den betreffenden Stunden gefehlt hat, anhand des Protokolls die wichtigsten Ergebnisse nachvollziehen/verstehen?

Literatur-Kartei „Der Vorleser"

Beziehungskisten 1

Geliebte Jungs?

Dass der Schauspieler Michael Douglas seine 25 Jahre jüngere Kollegin Catherine Zeta-Jones ehelichte, entspricht eigentlich dem hergebrachten Beziehungsmuster. Wenn Frauen jünger als ihre Ehemänner sind, ist es heutzutage in der Regel kein Anlass mehr für Skandal-Getuschel.

Dagegen erregte Aufsehen, dass Madonna den 10 Jahre jüngeren Guy Ritchie heiratete.
– In Deutschland war 1999 bei nur 20% der Ehen der Mann jünger als die Frau.

Einige Verhaltensforscher meinen herausgefunden zu haben, warum sich Frauen häufig bei den älteren Herren nach (Heirats-)Kandidaten umschauen.

Ihrer Ansicht nach orientieren sich Frauen bei ihrer Partnerwahl auffällig oft am Ansehen und am Wohlstand. In der Regel erfüllen aber die Herren der älteren Generation diese Kriterien häufiger. So erklärt sich der Hang zum älteren (Ehe-)Mann.

Dieses Verhalten sei historisch antrainiert. In der mittelalterlichen Stände- und Zunftgesellschaft erhielten junge Gesellen nur eine Heiratserlaubnis, wenn sie nachweisen konnten, dass sie für die Frau auch sorgen konnten. In der Regel konnten das erst ältere Gesellen. Die Braut sollte dagegen möglichst jung sein, um eine lange Phase der Fruchtbarkeit ausnützen zu können, denn zahlreiche Kinder sicherten später die Pflege der Alten.

Diskutieren Sie, ob die tradierten Muster heute noch einen Sinn machen.

Unternehmen Sie eine Umfrageaktion:
* Wie groß ist der Altersunterschied zu Ihrem Lebenspartner?
* Was spricht für/gegen einen älteren Partner?
* Was spricht für/gegen eine ältere Partnerin?
Werten Sie die Umfrage nach Altersgruppen und Geschlecht aus.

Eine 36-jährige Frau hat ein Verhältnis zu einem 16-Jährigen.
– Finden Sie das in Ordnung?

Literatur-Kartei „Der Vorleser"

© Verlag an der Ruhr, Postfach 10 22 51,
45422 Mülheim an der Ruhr,
www.verlagruhr.de

Peter Maffay: „Und es war Sommer"

(AUS: PETER MAFFAY 1971–1979, TOLEDO MUSIKPRODUKTION GMBH, BERLIN)

Beziehungskisten 2

Es war ein schöner Tag, der letzte im August,
die Sonne brannte so, als hätte sie's gewusst.
Die Luft war flirrend heiß.
Und um allein zu sein, sagte ich den andern:
„Ich hab heut' keine Zeit."

Da traf ich sie und sah in ihre Augen
und irgendwie hatt' ich das Gefühl,
als winkte sie mir zu und schien zu sagen:
„Komm, setz' dich zu mir!"

Ich war 16 und sie 31
und über Liebe wusste ich nicht viel.
Sie wusste alles und sie ließ mich spüren,
ich war kein Kind mehr und es war Sommer.

Sie gab sich so, als sei ich überhaupt nicht da,
und um die Schultern trug sie nur ihr langes Haar.
Ich war verlegen und ich wusste nicht wohin
mit meinem Blick, der wie gefesselt an ihr hing.

„Ich kann verstehen ...!" hörte ich sie sagen.
„Nur weil du jung bist, weißt du nicht, was du fühlst.
Doch bleib bei mir, bis die Sonne rot wird,
dann wirst du sehen ..."

Wir gingen beide hinunter an den Strand,
und der Junge nahm schüchtern ihre Hand.
Doch als Mann sah ich die Sonne,
und es war Sommer, es war Sommer.

Es war Sommer, das erste Mal im Leben,
es war Sommer, das allererste Mal,
und als ein Mann sah ich die Sonne aufgeh'n.
Es war Sommer.

- Weshalb lässt sich der junge Mann mit der Frau ein?
- Was bringt den beiden die Beziehung?
- Hat die Beziehung eine Zukunft?
- Vergleichen Sie das Verhältnis mit Hannas und Michaels Beziehung.

Literatur-Kartei „Der Vorleser"

Beziehungskisten 3

Menschen gehen aus sehr unterschiedlichen Gründen Beziehungen ein.

ERWARTUNG ···► Ehe *Beziehung* **Partnerschaft** VERHÄLTNIS ◄··· **REALITÄT**

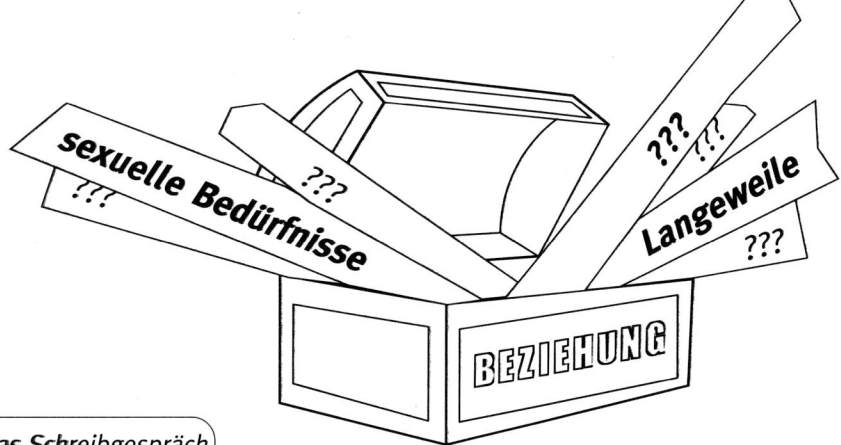

Schreibgespräch

Das Schreibgespräch kann in Gruppen- oder Partnerarbeit erfolgen (idealerweise mit 2–4 Beteiligten).

Jede Gruppe erhält eine vorbereitete Folie (wahlweise auch ein Plakat bzw. einen großen Bogen Papier). Darauf werden die unterschiedlichen Meinungen/Kommentare der Gruppenmitglieder in verschiedenen Farben notiert. Die Gruppenmitglieder treten auf diese Weise in einen schreibenden Dialog ohne die Notizen/Bemerkungen der/des anderen zu kommentieren.

Notieren Sie als gemeinsames Schreibgespräch auf einer Folie, welche Erwartungen, Hoffnungen, Wünsche und realen Gründe in eine solche „Beziehungskiste" gepackt werden.

Stellen Sie für sich jeweils die drei wichtigsten „Ins" und „Outs" zusammen.

Literatur-Kartei „Der Vorleser"

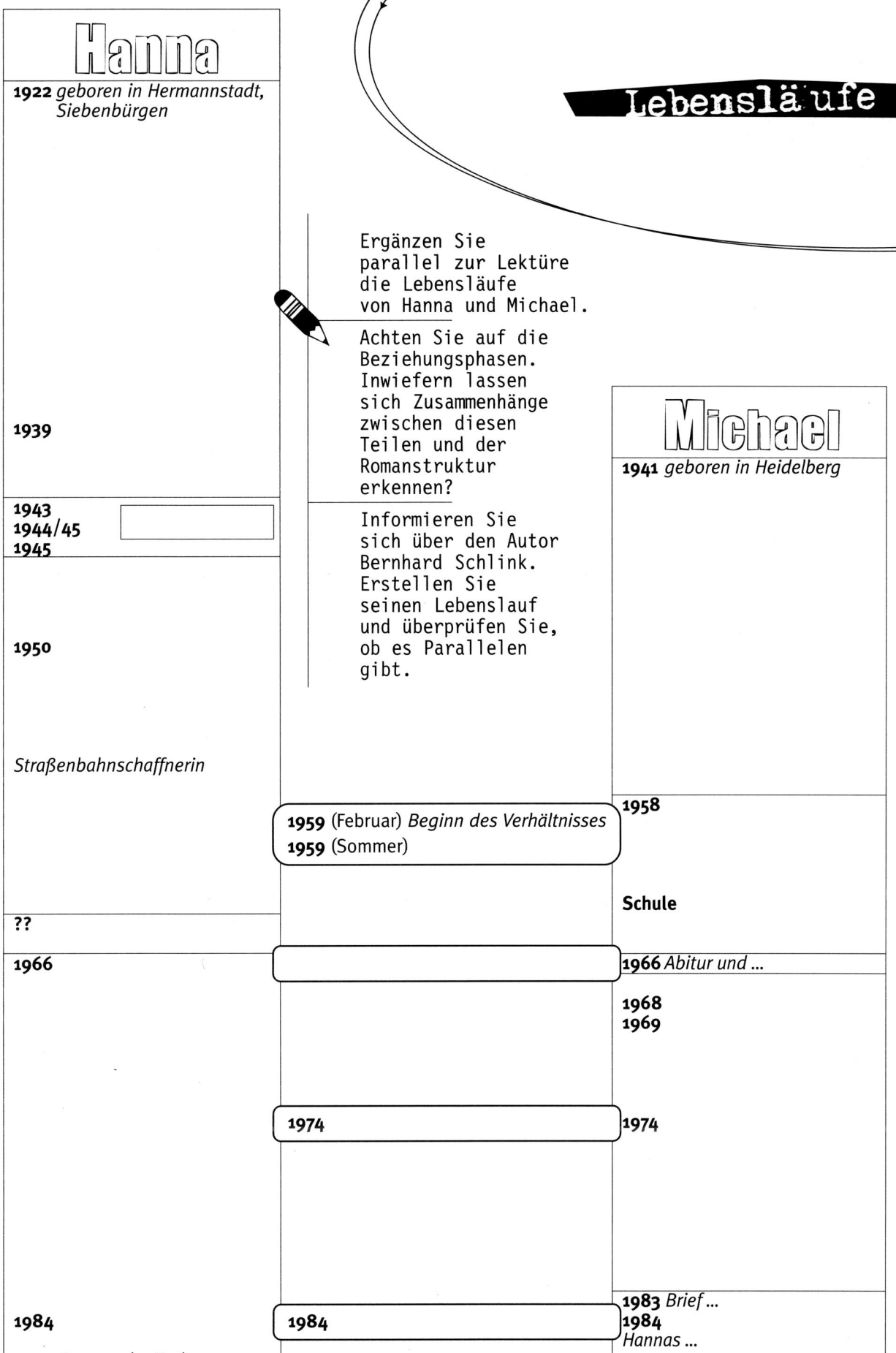

 **Kapitel 1 bis 3**

Von Romantik keine Spur

Wie lernen sich die Protagonisten Michael und Hanna Schmitz kennen?

Welche Rückschlüsse erlaubt die detaillierte Beschreibung von Treppenhaus und Wohnung auf die Lebenssituation von Hanna?

Belegen Sie Ihre Vermutungen anhand von passenden Textstellen.

Im **Treppenhaus**

Die **Wohnung**

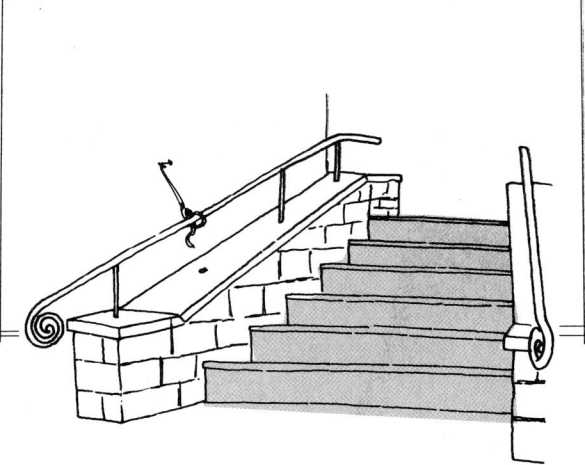

Literatur-Kartei „Der Vorleser"

→ Kapitel 2
Das Haus in der Bahnhofstraße – ein magischer Ort

Schlinks Sprache wirkt vordergründig einfach, schlicht und präzise. Knappe prägnante Darstellungen wechseln jedoch mit Beschreibungen von einer besonderen sprachlichen Intensität. Diese differenzierten Beschreibungen zeigen die Vielschichtigkeit der Dinge, ihre Ambivalenzen. Der Leser erkennt, dass die Welt oft noch eine andere Seite hat.

Erläutern Sie Perspektive und Erzählhaltung in diesem Kapitel.

Beschreiben Sie das Haus, so wie es in Michaels Träumen auftaucht (eventuell mit Skizze).

Welche Bedeutung hat dieses Haus im Leben des Erzählers?

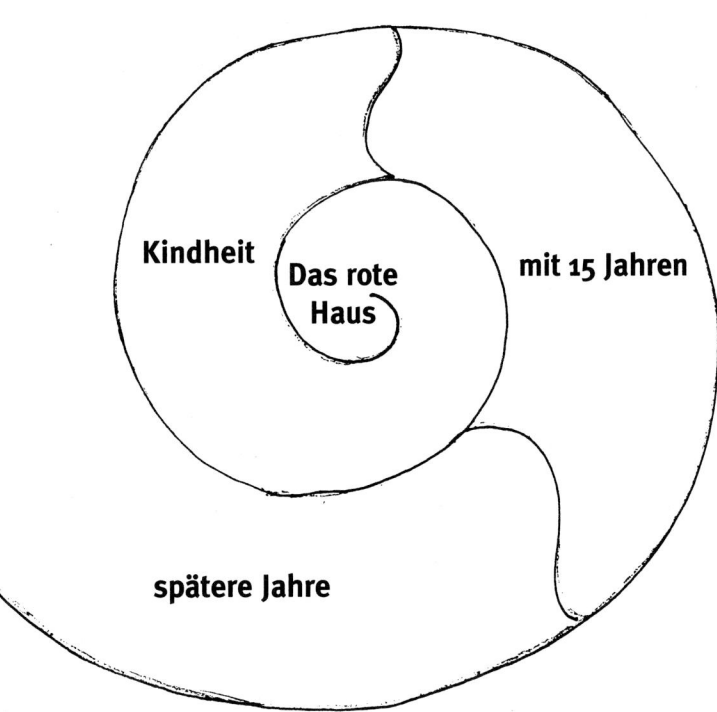

Auf S. Freud zurückgehende Methode zur Behandlung bestimmter seelischer Erkrankungen. Die Psychoanalyse beschäftigt sich mit den Auswirkungen unbewusster Intentionen auf das Denken, Fühlen und Handeln und den daraus entstehenden Konflikten.

Psychoanalyse

Die Hauptzugangsweisen zu den unbewussten Konflikten sind freie Assoziationen und Traumberichte.

Da dieses Haus dem Haus entspricht, in dem Hanna lebte, als Michael sie kennenlernte, liegt die Vermutung nahe, dass diese Beschreibungen einen symbolischen Charakter haben. Zudem gelten Träume in der Psychoanalyse als Wege zu den ins Unterbewußte verdrängten Dingen.

Überlegen Sie vor diesem Hintergrund, inwiefern die Beschreibung des Hauses mit Hanna korrespondiert. Welche Funktion bekommt dann das zweite Kapitel für den ganzen Roman?

Die geordnete Gesellschaft der 50er-Jahre

Mitte der 50er-Jahre ging die Bundesrepublik aus der Phase der Trümmerzeit in die des Wirtschaftswunders über. Die größte Not war überwunden, die Währungsreform hatte die Geschäfte wieder gefüllt. Nach den Zeiten, in denen Ideologie, Entbehrungen, Elend und Leid dominierten, wollte man nun etwas mehr vom Leben haben: wollte besser essen, sich schöner kleiden, schöner wohnen und Anschluss an die technische Zivilisation nach amerikanischem Vorbild finden.

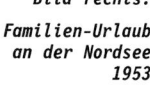

Bild rechts: Familien-Urlaub an der Nordsee 1953

Bilder unten & ganz rechts: Im deutschen Heimatfilm herrschte eine heile Welt ...
(Filmplakate, unten: 1952, ganz rechts: 1951)

(QUELLE: PRIVATARCHIV)

Sehnsucht nach Wärme, Geborgenheit und Freiheit manifestierten sich in Statussymbolen. Der erste Eisschrank, die hochpolierte moderne Möbelgarnitur mit Nierentisch und Tütenlampen in leuchtenden Farben, Radio, Plattenspieler und der blitzende Kleinwagen im Stromlinienprofil standen für das neue Lebensgefühl des „Es-geht-wieder-aufwärts".

Dessen Schwung geriet jedoch rasch auf vorgegebene Bahnen, erstarrte in bloßem Materialismus. Das neue Lebensgefühl blieb oberflächliche Verpackung. Darunter lagen häufig ein weltanschauliches Vakuum oder die alte Dumpfheit der unbewältigten Vergangenheit. Man griff zurück auf tradierte Wert- und starre Ordnungsvorstellungen.

In einer gesunden intakten Familie sah man eine Voraussetzung für eine stabile moralisch gefestigte Gesellschaft. Deshalb wurde von neuem ein konservatives Frauen- und Familienideal propagiert. Die Frauen, die im Überlebenskampf

während der Kriegs- und Nachkriegszeit gelernt hatten, traditionell männliche Aufgaben zu übernehmen und selbstständig zu handeln, wurden wieder in die Rolle der abhängigen Hausfrau und Mutter gedrängt. Im Unterbewußtsein war dieses Frauenbild aus der Nazizeit ja noch vorhanden. Das Leitbild des „starken" Mannes und der „schwachen hilfsbedürftigen" oder der „praktischen mütterlichen" Frau wurde von der „Bewusstseinsindustrie" mit ihren schnulzigen Heimat-, Arzt- und Familienfilmen, Trivialromanen, Illustrierten und dem deutschen Schlager im Bewusstsein der Menschen verankert.

Mit der Wiederherstellung des konservativen Familienideals entstand erneut eine strenge Sexualmoral. Galt während der Nachkriegszeit ein liberaleres Verständnis von Sexualität auch für Frauen, so wurde z.B. unverheiratetes Zusammenleben toleriert, kehrte man nun zu einer patriarchalischen Doppelmoral zurück. Frauen sollten bis zur Ehe „rein" und sexuell unerfahren sein, von Männern wurde hingegen durchaus sexuelle Erfahrung und ein aktives Verhalten als „Verführer" erwartet.

Literatur-Kartei „Der Vorleser"

© Verlag an der Ruhr, Postfach 10 22 51, 45422 Mülheim an der Ruhr, www.verlagruhr.de

Es entwickelte sich eine im privaten wie im sozialen Verhalten angepasste Gesellschaft, realistisch und wirtschaftlich erfolgreich, aber prüde, unflexibel, unfrei und mangels Alternativen ohne Spannung. Eine Gesellschaft, die eifrig darum bemüht war, nach der 50-Std-Woche die Freizeit „beschwingt" auf „bezaubernde" Weise zu genießen.

Die geordnete Gesellschaft der 50er-Jahre

Werbeplakat 1950

Feiern im Familien- und Freundeskreis

(Quelle: Privatarchiv)

So ging „Sexy-Hexy" im schicken Kleid mit ihrem Freund zum Tanztee, ein bisschen kokett-frivol, aber stets ordentlich, reinlich und wohlerzogen.

Erst gegen Ende der 50er-Jahre widersetzten sich jugendliche Gruppen, „Halbstarke", „Rocker" und „Teddy Boys" der Vereinnahmung durch die propagierten Leitbilder. Als Folge einer sich ausbreitenden Frustration kam es vielerorts zu Jugendkrawallen. Die aggressiven Entladungen, begleitet von den wilden Rhythmen des „Rock 'n Roll", irritierten die stromlinienförmig angepasste Wirtschaftswundergesellschaft.

> „Heute sitzen wir unter der Lampe, ich stopfe seine Strümpfe, er liest Zeitung, und manchmal liest er mir daraus vor. Ja, ich bitte ihn darum. Er weiß, dass mich nicht gerade verfassungsrechtliche Fragen und polemische Artikel interessieren – und so wählt er aus. Schon in der Auswahl, scheint mir, begegnen sich unsere Gedanken und Gefühle. Oft bilde ich mir sogar ein, dass in einem besonderen Artikel, den er ausgewählt hat, eine kleine Liebeserklärung für mich verborgen liegt ... Ich stopfe seine Socken, er sagt ein Wort – oder schweigt, wie es sich ergibt; und manchmal hören wir den Regen vor den Fenstern unserer kleinen Wohnung plätschern. Hinter der Tür des Nebenraumes spricht unsere Kleinste ein schlaftrunkenes undeutliches Wort ... Wenn ich aufschaue, sehe ich: Er ist da. Ich bin nicht allein. Das Leben ist nicht grau."

(Auszug aus einer Frauenzeitschrift unter der Rubrik „Sie und Er")

Die geordnete Gesellschaft der 50er-Jahre
3

Die Texte und Bilder auf den beiden vorhergehenden Seiten geben Ihnen einen ersten Einblick in die Lebenswelt der 50er-Jahre.

Was lässt sich aus den Fotos und Texten in Bezug auf das gesellschaftliche Leben ableiten?

Schreiben Sie ein Gespräch zwischen einem Mädchen von heute und einem Mädchen aus den 50er-Jahren über das Verhältnis von Mann und Frau.

Ausstellung „50er-Jahre"

Bereiten Sie eine „50er-Jahre"-Ausstellung vor:
Sammeln Sie (eventuell arbeitsteilig) durch Recherche in Büchern, im Internet und durch Interviews mit älteren Familienmitgliedern weitere Informationen zu den Bereichen:

* Rolle von Mann und Frau
* Ehe und Familie
* Der moderne Haushalt
* Wirtschaft, Soziales, Politik
* Kultur, Freizeit und Reisen

Stellen Sie Anschauungsmaterial zusammen, wie z.B. Fotos, Postkarten, Plakate, Deco-Artikel, Kleidungsstücke und Musikaufnahmen aus der Zeit.

Versehen Sie die Exponate mit Kurztexten im Stil der damaligen Zeit, wie z.B. „Man kann dem gemeinsamen Feierabend viel Inhalt geben". (s. S. 16)

Präsentieren Sie Ihre Ausstellung der Öffentlichkeit
* in der Schule
* auf einer Homepage im Internet

Zwischen Heimatglocken und Mambo
Verbinden Sie die Eröffnung der Ausstellung mit einem „Tanztee" oder einem „Sehnsuchtsball" – kostümiert im Stil der Zeit und mit viel Musik aus der 50ern.

Vom guten Ton – Partnerschaft und Sexualität in den 50ern

> **Wie behandelt man einen Verehrer?**
>
> 1. Es hat geklingelt. Als wohlerzogenes Mädchen hat man ja schreckliches Herzklopfen zu haben, denn es ist ja – er. Bevor man die Tür öffnet, prüft man genau, ob das Kleid ordentlich sitzt. Und die Frisur, das Lippenrot und die Augenbrauen. Dann fasst man sich ein Herz und die Türklinke. Und in diesem Augenblick ist man ganz Dame, absolut sicher, gewandt und liebenswürdig. Eine ganz leichte, gut gespielte Befangenheit macht sich sehr hübsch. Denn man darf dem Mann das Gefühl seiner sogenannten Überlegenheit nie ganz nehmen.
>
> 2. Im Salon bieten Sie ihm mit beiden Händen eine Tasse Kaffee. Sie sitzen in der Sofaecke ziemlich weit entfernt von ihm, weil sich das schickt und – weil Sie auf diese Weise ihre Figur besser zur Geltung bringen. Blicken Sie etwas zu ihm auf, erhöhen Sie ihn mit ihren Blicken, das schmeichelt seiner Eitelkeit und lässt sie selbst als sehr hingebungsfähig erscheinen. Lassen Sie es ihn nicht fühlen, wenn er sich linkisch und blöde benimmt. Das entmutigt ihn vielleicht. (...)
>
> 3. Wenn er Sie in der Ferne der Sofaecke genügend im Ganzen bestaunt hat, dürfen Sie ihm mehr Nähe gönnen. Sie stehen auf, wenn er Ihnen eine Schmeichelei sagt, drehen ihm dabei etwas verschämt den Rücken zu und setzen sich, immer noch schamhaft abgewandt, wieder auf das Sofa. Auf diese Weise können Sie ihm näher rücken (...).
>
> 4. Wenn er nicht ein hoffnungsloser Fall von Schüchternheit ist, werden ihn ihre hübschen Schultern und die zarte Linie ihres Nackens reizen, ihnen etwas darüber zu sagen. Stellen Sie die Kaffeetasse jetzt auf das Tischchen zurück und wenden Sie ihm (...) ihr Gesicht voll zu. Wetten, dass er Sie sofort küssen will? Er wäre kein Mann, wenn er es nicht versuchte. Er bittet Sie also um einen Kuss. Darauf wenden Sie den Kopf etwas zur Seite und deuten auf die Wange.
>
> 5. Selbstverständlich nimmt er das für eine Erlaubnis, Sie nicht nur auf den bezeichneten Punkt zu küssen. Und Sie haben auch gar nicht erwartet, dass er sich an Ihre Vorschrift hält. In dem Augenblick aber, wo er es wirklich riskiert, erstarren Sie zu Eis. Empört wenden Sie sich von diesem Frechling ab. Sie erheben die Hand, als wollten Sie ihm eine Ohrfeige geben. Aber nur als ob. Und blicken ihn so an, dass er sich sofort entschuldigt. Hat er sich entschuldigt, so tun Sie, als wollten Sie ihm diesmal verzeihen ...
>
> (Constanze 21/1951)

Viele Ehemänner lieben einen hübsch gedeckten Tisch.

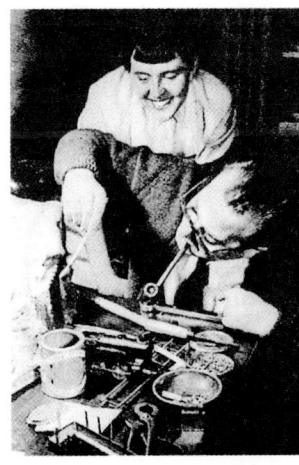

Schön ist es, wenn die Frau Verständnis für das Hobby des Mannes aufbringt.

Man kann dem gemeinsamen Feierabend viel Inhalt geben.

Vom guten Ton – Partnerschaft und Sexualität in den 50ern

(QUELLE: PRIVATARCHIV)

" (...) als er mit ihr tanzte, ganz nah dem Liebreiz ihres aparten Gesichtes, bewunderte er immer wieder ihren frischen, reinen, zarten Teint. Elfi lächelte glücklich, als Carl Friedrich ihre Hand streichelte. Lange, lange blickte er in ihre Augen. Aus der flüchtigen Begegnung an Steuerbord wurde eine Begegnung fürs Leben – Carl Friedrich hielt Elfi für immer fest. –So bezaubernd wie Elfi – möchten Sie das nicht auch sein? Elfi pflegt sich täglich mit „Elida"-Seife. "
(WERBETEXTE FÜR „ELIDA"-SEIFE, AUS: IHRE FREUNDIN 9/1959)

Erinnerungen an die **50er-Jahre**

(QUELLE: PRIVATARCHIV)

" Tiefe Konflikte, Seelenleiden und sogar körperliche Schäden können einer jungen Frau erspart werden, wenn sie feinfühlend darauf vorbereitet wurde, dass es zu den Aufgaben einer Frau gehört, zu empfangen, zu dulden und Schmerzen zu ertragen. "
(WALTER HEMSING: MODERNE KINDER- UND JUGENDERZIEHUNG, STUTTGART 1960, S. 145)

" Wir haben auch Freiheiten gehabt – oder sie uns genommen ... ins Kino gehen, Alkohol trinken, zum Tanzen gehen ... Das war aber auch alles. Wir waren sehr brav. Die Mädchen interessierten uns erst sehr spät, und dann – leider – auch nur in allen Ehren. Mal ein bisschen Händchen halten, sehr selten und erst kurz vor dem Abitur ein Kuss ... Langeweile, ja das war ein Problem ... irgendwie haben wir uns die Zeit vertrieben. "
(WOLFGANG HAMMER: WIRTSCHAFTSWUNDERLAND, PRAXIS GESCHICHTE 6/96, S. 26)

Spielen Sie die Szene
„Wie behandelt man einen Verehrer?"
(Zwei Rollenspieler und ein „Verhaltenstrainer")

Reizvoll ist es, in einer zweiten Fassung die Mädchenrolle mit einem Jungen zu besetzen.

Wie könnte heute eine solche Begegnung aussehen? Schreiben Sie die Stationen entsprechend um und spielen Sie die Szene. Welche Unterschiede fallen auf?

Literatur-Kartei „Der Vorleser"

→ Kapitel 3 bis 6

Die Verführerin

Untersuchen Sie den Ablauf der zweiten Begegnung (Kap. 3–6). Was erfährt der Leser über Michaels und Hannas Wesen?

> **Junges Mädchen bleibe fest**
> *Die angreifende und stürmische Geschlechtlichkeit des Mannes stellt die Frau auf eine harte Charakterprobe. Für sie muss daher das Gebot gelten: Bleibe fest! (…) Mädchen können niemals wachsam genug sein. Vorsicht und Zurückhaltung gilt schon in Kleinigkeiten. Ein eng anliegender Pullover, ein tiefer Ausschnitt können bereits auf den Mann herausfordernd wirken. Auch eine harmlos gemeinte Freundlichkeit oder Zärtlichkeit können von ihm leicht missdeutet werden. Mädchen müssen wissen, dass es auch eine unbeabsichtigte Verführung des Mannes durch die Frau gibt.*
> (Dr. H. Oesterreich: 13 x Irrtum und Wahrheit über Geschlecht und Liebe, NRW 1961, S. 19 f.)

Sexualstrafrecht:

Der §182 des deutschen Sexualstrafrechts besagt, dass sexueller Missbrauch (Vergewaltigung) von Jugendlichen vorliegt, wenn eine Person über einundzwanzig Jahren mit einer Person unter sechzehn Jahren sexuelle Handlungen ausführt, da die fehlende Fähigkeit des Opfers zur sexuellen Selbstbestimmung ausgenutzt werde.

Diskutieren Sie, ob Hanna Michael bewusst sexuell provoziert.

Arbeiten Sie am und mit dem Text (Kap. 5) heraus, in welchem inneren Konflikt Michael durch sein Erlebnis gestürzt wird. (Zitiertechniken anwenden! s. S. 19)

Während der Verführungsszene (Kap. 6, S. 26) sagt Hanna: „Darum bist du doch hier!" Überlegen Sie, ob sie recht hat und klären Sie die Frage, ob es sich um „eine unbeabsichtigte Verführung" – vgl. Text: „Junges Mädchen bleibe fest" – oder um einen sexuellen Übergriff im Sinne einer Vergewaltigung handelt.

HANDWERKSZEUG
Der Umgang mit Zitaten

Der literarische Aufsatz oder die Interpretation steht immer in der Gegenwart, im Präsens. Das ist unbedingt zu beachten. Benutzt man die Vergangenheit, wird der Aufsatz zur Nacherzählung, zur Paraphrase. Die Interpretation muss möglichst eigenständig formuliert werden. Wichtige Aussagen sollten aber mit Hilfe des Textes belegt werden, damit die Behauptungen nachvollziehbar und beweisbar sind. Die nebenstehenden Beispiele zeigen verschiedene Formen der Textarbeit:

Beispiele

> Arbeiten Sie anhand des 4. Kapitels heraus, ob Hanna Michael bewusst sexuell provoziert.
>
> **Eigener Text und einfacher Beleg:**
> *Hanna provoziert Michael nicht bewusst, sie zeigt die natürliche Sinnlichkeit eines Menschen, der sich im inneren Gleichgewicht befindet. (S. 17–18)*
>
> **Eigener Text und einfaches Zitat:**
> *Hanna provoziert Michael nicht bewusst. „Sie hatte nicht posiert, nicht kokettiert." (S. 17, Z. 21/22) Sie zeigt die natürliche Sinnlichkeit eines Menschen, der sich im inneren Gleichgewicht befindet.*
>
> **Könner verknüpfen den eigenen Text mit mehreren Kurzzitaten zu einem gespickten Text:**
> *Hanna provoziert Michael nicht bewusst, „sie hatte nicht posiert, nicht kokettiert" (S. 17, Z. 21/22), sondern „schien sich in das Innere ihres Körpers zurückgezogen zu haben" (S. 17, Z. 26). Sie zeigt die natürliche Schönheit eines Menschen, „fließend, anmutig, verführerisch" (S. 18, Z. 2), der „die äußere Welt vergessen" (S. 17, Z. 28) hat und sich in einem inneren Gleichgewicht befindet.*

„Zitate" werden **unverändert** übernommen. Sollte ein Zitat zu umfangreich werden – es soll den eigenen Text ergänzen, aber nicht ersetzen – kann es *sinnvoll gekürzt* werden. Das geschieht mit eckiger Klammer und drei Punkten [...]. Zitate werden als solche mit **Anführungszeichen** gekennzeichnet. Hinter dem Zitat folgt unbedingt der **Beleg**, wenn möglich mit Zeilenangabe (S. 22, Z. 4), damit das Zitat auffindbar und überprüfbar ist. Bei durchlaufender Zeilenzählung genügt die Zeilenangabe. Wer Zitate nicht kennzeichnet, schmückt sich mit fremden Federn und begeht geistigen Diebstahl. Bei Veröffentlichungen kann das juristische Konsequenzen haben. Es ist darauf zu achten, dass sich die eigene Aussage nicht mit dem Zitat deckt. Doppelungen sind stilistisch sehr ärgerlich. Die Zitate sollten logisch und nahtlos in den eigenen Text integriert werden.

Literatur-Kartei „Der Vorleser"

Hanna und Michael

1

✎ Welche Motive haben Hanna und Michael jeweils für ihre Beziehung?

Motive für ihre Beziehung

✎ Stellen Sie das Verhältnis der beiden Hauptpersonen in verschiedenen Standbildern dar, sodass die Einstellung der beiden zueinander und das Typische ihres Beziehungsgeflechts deutlich werden.
Dokumentieren Sie die Standbilder fotografisch.

(5–10 Minuten Vorbereitung: Beratung, Verteilung der Rollen, Haltung der Figuren, deren Stellung zueinander.)

Literatur-Kartei „Der Vorleser"

LÖSUNGEN: Hanna und Michael 2

Welche Motive haben Hanna und Michael jeweils für ihre Beziehung?

Motive für ihre Beziehung

Hanna:
- Männermangel nach dem Krieg (sexueller Notstand)
- gefällt sich in der dominanten Rolle (Macht/Herrschaft)
- sucht unterwürfigen Partner, der nicht widerspricht, nicht nachforscht
- Flucht vor der Einsamkeit
- will Unabhängigkeit und keine Ansprüche erfüllen
- sucht Vorleser
- lebt die Mutterrolle und Mütterlichkeit aus
- will verehrt und begehrt werden
- sucht Wärme und Zuneigung
- will ein Stück ihrer verlorenen Jugend zurück
- Reiz des Verbotenen
- sucht einen Partner, dem sie sexuell überlegen ist (Liebeslehrerin)

Michael:
- findet in der Rolle des Vorlesers Überlegenheit
- Beziehung bleibt im Jetzt, keine Verantwortung für die Zukunft
- Reiz des Geheimnisvollen
- Unabhängigkeit von der Familie
- sexuelle Neugier
- sucht Geborgenheit und Zuwendung
- sucht Unterwerfung
- gewinnt Selbstständigkeit, Überlegenheit gegenüber Gleichaltrigen
- fühlt sich als Mann bestätigt und aufgewertet

Literatur-Kartei „Der Vorleser"

Intime Rituale

Ausgehend von der Verführungsszene entwickelt sich zwischen Hanna und Michael ein fester täglicher Ablauf des Zusammenseins aus Baden und Miteinander-Schlafen.

Stellen Sie kurz dar, was das Besondere an rituellen Handlungen ist und worin die Vorteile von Ritualen liegen.

Überprüfen Sie, inwiefern das Baden als rituelle Handlung verstanden werden kann.

Erläutern Sie, inwiefern Hanna, ohne es zu wissen, ein frühkindliches Erfahrungsmuster von Michael (S. 28/29) ausnutzt, und überlegen Sie, welche Dimension das Baderitual dadurch für Michael bekommt.

Welche Vorteile bieten die täglichen Rituale Hanna und Michael?

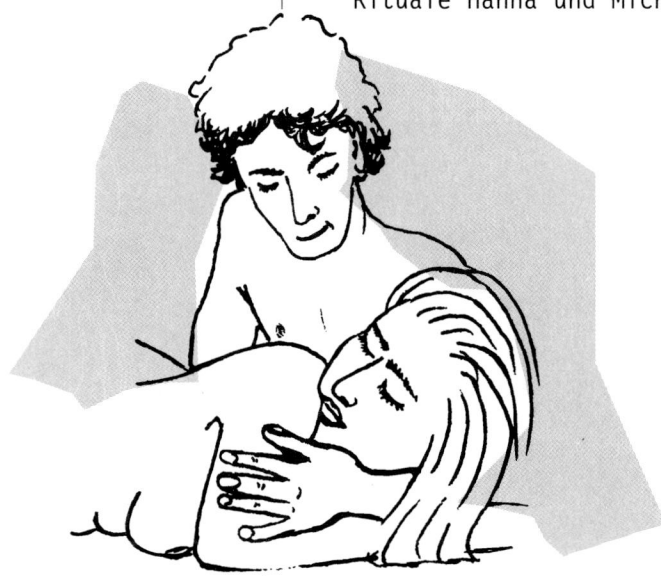

Untersuchen Sie in Kap. 8,
a) wie Hanna und Michael während des Liebesspiels miteinander umgehen;
b) in welcher Weise sich das Gefühlsleben bei der täglichen sexuellen Intimität entwickelt.

Was lernt Michael hinsichtlich seiner Persönlichkeitsentwicklung in dieser Liebesschule?

Wie ist Hannas Reaktion auf Michaels Schulunlust zu verstehen?

Wie gelingt es ihr, Michael zum Arbeiten für die Schule zu bewegen?

Literatur-Kartei „Der Vorleser"

© Verlag an der Ruhr, Postfach 10 22 51,
45422 Mülheim an der Ruhr,
www.verlagruhr.de

Vom Jungen zum Mann

Michael erscheint zu Beginn des Romans als typischer Jugendlicher seiner Zeit: sensibel und unsicher, unzufrieden mit seinem Erscheinungsbild, unverstanden in der eigenen Familie, ein wenig verklemmt, voller Schuldgefühle wegen seiner sexuellen Wünsche und Träume. (⸺▸ S. 21)

Niemand reift in einer Nacht vom Jungen zum Mann, wie es Peter Maffay in seinem Lied (s. S. 8) vorgibt. Jedoch führen seine frühen sexuellen Erfahrungen bei Michael zu einer Veränderung seiner Persönlichkeit.

Arbeiten Sie am Text heraus (Kap. 7 und 9), inwiefern sich
a) sein Selbstwertgefühl verändert;
b) sein Verhältnis zu seiner Familie wandelt;
c) seine Position in der Schule, bezogen auf Lehrer und Mitschüler, ändert.

Worin zeigt sich das Erwachsen-Werden, die Reife eines Menschen?

Tragen Sie die verschiedenen Aspekte in einer Mind-map® zusammen.

Mind-map:
- Zentrum: *Erwachsen-werden* **Reife**
- Verantwortlichkeit für eigenes Handeln
- ??? (mehrere leere Felder)

Untersuchen Sie die Perspektive, aus der der erste Teil des Romans geschrieben wurde. Worin liegen die Stärken und Schwächen eines solchen Blickwinkels?
Welche reizvolle Situation ergibt sich daraus für den Leser/die Leserin?

> Sie können nicht nur zurückgreifen auf das Wissen und die Erfahrungen des Protagonisten, sondern Sie verfügen als Leser/in auch über Ihren eigenen Hintergrund und über Ihre eigene Lebenserfahrung. So sind sie dem Protagonisten gegenüber im Vorteil.

Auf Michael wirkt Hanna ziemlich rätselhaft – etwas stimmt nicht mit ihr.

Schlüpfen Sie in die Rolle eines Literaturdetektivs und stellen Sie auf der Basis der Kapitel 1–9 ein Dossier über Anna Schmitz zusammen:

Die Akte ANNA SCHMITZ

Literatur-Kartei „Der Vorleser"

Die Straßenbahnschaffnerin

Inwiefern entspricht Michaels Familie dem Ideal der 50er-Jahre?

Charakterisieren Sie Hanna und überprüfen Sie, ob Hanna dem Frauenbild der 50er-Jahre entspricht. Stellen Sie dazu die Eigenschaften Hannas, die typisch für eine Frau der damaligen Zeit waren, denen, die nicht in dieses Bild passten, gegenüber.

Wie könnte Hanna bei eventuellen Rollenverstößen auf die Gesellschaft der damaligen Zeit gewirkt haben?

Betrachten Sie das Foto und erstellen Sie ein Berufsprofil in Stichworten. Berücksichtigen Sie dabei folgende Aspekte:
* Notwendige Qualifikationen
* Funktion/ Aufgabenbereich
* Merkmale der beruflichen Tätigkeit
* Rollenverständnis
* äußeres Erscheinungsbild
* ähnliche Berufsfelder

Straßenbahnschaffnerin 1952

(QUELLE: DIZ)

Warum hat der Autor seiner Heldin den Beruf der Straßenbahnschaffnerin zugewiesen?

Literatur-Kartei „Der Vorleser"

© Verlag an der Ruhr, Postfach 10 22 51,
45422 Mülheim an der Ruhr,
www.verlagruhr.de

24

Der Vorleser

- Wie kommt Michael zu seiner Rolle als Vorleser?
- Welche Bedeutung hat das Vorlesen für Michael und für Hanna? Belegen Sie Ihre Aussagen mit Hilfe geeigneter Textstellen.
- Charakterisieren Sie Hanna als Zuhörerin. (Berücksichtigen Sie auch die Seiten 60–62 und 67–69)

Vielen von Ihnen hat man als Kind vorgelesen – Gute-Nacht-Geschichten, Märchen, Kinderbücher, vielleicht die lustigen Geschichten vom Michel aus Lönneberga, die Abenteuer von Ronja Räubertochter oder Momo – erinnern Sie sich?

Namhafte Pädagogen beschwören junge Eltern, ihren Kindern regelmäßig vorzulesen. Das Vorlesen könne nicht durch Fernsehen oder Computerprogramme ersetzt werden.

Was macht das Vorlesen zu einem so besonderen Erlebnis?

Probieren Sie es aus!

Treffen Sie sich mit einem Freund/einer Freundin, sorgen Sie für eine angenehme Atmosphäre mit gedämpften Licht, vielleicht einer Tasse duftenden Tee, rücken Sie eng zusammen, schalten Sie die Musik ab und lesen Sie einander vor, konzentriert, „dass die verschiedenen Akteure einigermaßen erkennbar und lebendig werden".

Es empfiehlt sich, „schöne" Literatur zu wählen, brutale und grausame Thriller würden die Atmosphäre zerstören.

- Sprechen Sie miteinander über Ihre Vorleseerfahrungen!
- Gibt es Unterschiede in dem, wie man das Vorlesen als Kind erlebt oder wie man es als Erwachsener erfährt?
- Ist Hanna eher eine erwachsene oder eine kindliche Zuhörerin? Begründen Sie Ihre Auffassung.

Literatur-Kartei „Der Vorleser"

Kapitel 10
Machtspiele: Die Straßenbahnepisode

Stellen Sie sich vor,
Sie sollen diese Szene verfilmen.
Zerlegen Sie diese Episode (S. 45 - S.48, Z.3)
in einzelne Handlungsschritte bzw. Bildsequenzen.
Analysieren Sie den Ablauf des Geschehens.

Stellen Sie der äußeren Handlung
die innere Handlung gegenüber,
indem Sie Michaels Erwartungen verdeutlichen
und seine Reaktionen auf das,
was geschieht, erläutern.

Untersuchen Sie das Nachspiel in Hannas Wohnung:
Handelt es sich bei der Straßenbahnepisode
um ein Missverständnis oder um ein kalkuliertes
Machtspiel?
Worin liegt die Ambivalenz der Situation?

„*Diese Szene endet mit der totalen Unterwerfung von Michael.*"

Diskutieren Sie diese These.

Hannas geheime Gedanken:
Schildern Sie die Ereignisse
des 10. Kapitels
aus Hannas Perspektive
in Form eines
inneren Monologes.

Innerer Monolog

Wiedergabe von unausgesprochenen Gedanken in direkter Ich-Form, assoziative Reihen, kurze Sätze, Halbgedanken, Gedankensprünge, Selbstgespräch ohne alle Zwischenglieder; Fließender Übergang zum Bewusstseinsstrom (stream of conciousness), bei dem an Stelle des Ich-Erzählers die scheinbar unmittelbare und unkontrollierte Ausbreitung des Bewusstseins tritt.

Literatur-Kartei „Der Vorleser"

Von der Macht der Ohnmächtigen

Schuldgefühle lassen einen Menschen oft gegen seinen Verstand und Willen Dinge tun, die er überhaupt nicht tun möchte. Da Schuldgefühle vom Unbewussten gesteuert werden, können Schuldzuweisungen auch als zuverlässiges Machtinstrument benutzt werden. Schuldgefühle entstehen, wenn ein Mensch gegen sein Gewissen handelt. Das Gewissen ist nicht angeboren, sondern wird während der Sozialisation eines Menschen mühsam geformt. Deshalb gleicht auch kein Gewissen dem anderen.

In der Psychologie versteht man nach der Theorie von *Sigmund Freud* (1856–1939) unter dem Gewissen eine Kontrollfunktion des Über-ICHs, welches wiederum als psychische Kontrollinstanz des ICHs im Sinne einer Zensur wirkt. Das Über-ICH bildet sich aus der Verinnerlichung zunächst elterlicher Forderungen und Verboten, dann gesellschaftlicher Normen, der öffentlichen Moral, der Religion und der Wertvorstellungen. Dem Über-ICH gegenüber steht das ES, welches in Form unbewusster triebhafter Regungen nach Anerkennung, Zuwendung, Freiheit, Sexualität, Aggression, Selbstverwirklichung und Selbstbehauptung auf das ICH, die bewusste Identität, einwirkt.

ÜBER-ICH → ICH ← ES

Schuldgefühle beeinflussen unser Sozialverhalten entscheidend: Durch permanentes Eintrichtern von Schuldgefühlen wird unerwünschtes Verhalten, bzw. Fehlverhalten, bestraft und damit verhindert. Denn schuldbewusste Menschen sind aufmerksamer, anpassungsfähiger, dienstbereiter, – kurz, sie funktionieren besser im gewünschten Sinne.

Das Vermitteln von Schuldgefühlen ist ein äußerst wirksamer Hebel, um mehr Einfluss zu gewinnen. Selbst schwachen, machtlosen Menschen wird es auf diese Weise möglich, sich durchzusetzen, andere zu beherrschen, wenn sie diese immer wieder in Schuld-Fallen tappen lassen. Mit Worten und simplen Techniken gelingt es ihnen, das Opfer zu drangsalieren und zu manipulieren. In einer Liebesbeziehung kann mit Schuldzuweisungen – nach dem Motto: „Du hast mich ja gar nicht lieb, sonst würdest du nicht so handeln" – und damit verbundenem Liebesentzug der Partner in die gewünschte Richtung gelenkt werden.

Das Perfide an der emotionalen Erpressung mit der Schuld ist, dass sich das Opfer sogar noch als undankbarer Egoist fühlt. Es kann sich aus dem Karussell der Schuldzuweisungen und Schuldgefühle nur befreien, wenn es ihm gelingt, dafür zu sorgen, dass die Manipulationen nicht mehr greifen. Denn wo kein Opfer ist, ist auch kein Täter. Das bedeutet: Als erstes müssen die Manipulationsmechanismen als solche identifiziert und die Schuldgefühlstechniken durchschaut werden. Nur dann können sie durchbrochen werden. Dass der Täter als Gegenmaßnahme auf Befreiungsbemühungen versuchen wird, noch virtuoser auf der Klaviatur der Schuldgefühle zu klimpern, muss man dann, auch wenn es noch so schmerzt, aushalten und durchstehen. Oft ist das ein teuflisch schmerzhafter Prozess, und bei einem angeknacksten Ego des Opfers bedarf es der Begleitung durch eine geschulte psychologische Hilfe.

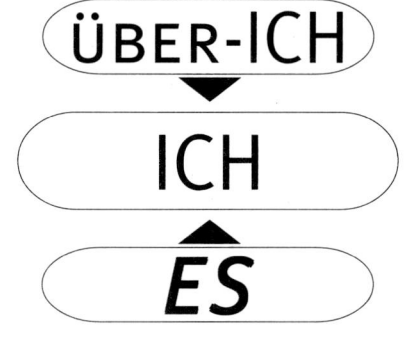

Sprechen Sie über eigene Erfahrungen mit Schuldgefühlen als Täter und Opfer. Mit welchen Strategien haben Sie sich erfolgreich wehren können?

Inwiefern wird in der Beziehung zwischen Hanna und Michael mit Schuldgefühlen gearbeitet? Welche Rückschlüsse lassen sich daraus ziehen?

Literatur-Kartei „Der Vorleser"

Wochenend' und Sonnenschein

Die Sehnsucht der Menschen nach Abwechslung, nach einem Ausweg aus der tristen Alltagswirklichkeit war in den 50er-Jahren groß. Das Heimweh der zahlreichen Flüchtlinge nach ihrer alten Heimat und das Fernweh und der Mythos vom Süden, von der Südsee, vom Orient spiegelten sich nicht nur in den deutschen Kinofilmen, sondern auch im Schlager wider, der die Konsumenten in ferne Traumwelten entführte. Für die meisten Deutschen blieben solche Traumziele zunächst unerschwinglich. Ein Sommerurlaub mit der ganzen Familie war ein kostspieliges Vergnügen, auf das bei einem durchschnittlichen monatlichen Bruttolohn von 395 DM (1956) lange gespart werden musste. Noch 1958 hatten nur 36% der Deutschen überhaupt jemals eine Urlaubsreise unternommen. Da aber seit 1957 immer mehr Betriebe die Fünf-Tage-Woche einführten, wurde die Fahrt ins Grüne am Wochenende zu einem Ersatz, die Mobilität wurde zu einem Stück Lebensglück.

Blumenmädchen von Hawaii: Sie singt zu den Lauten des Banjo, der Stahlgitarre, sie tanzt Hula-Rhythmus und bezaubert alle Fremden.

MÄDCHEN-INSEL RAPA

Artikel-Aufmacher in „Kristall. Illustrierte Zeitschrift für die Familie", o.J.

> „Dort, wo die Blumen blühn,
> dort, wo die Täler grün –
> dort war ich einmal zu Hause.
> Wo ich die Liebste fand,
> da liegt mein Heimatland.
> Wie lang bin ich noch allein?"
> (Freddy Quinn: „Heimweh", 1956)

Schlagertexte

> „Wenn bei Capri die rote Sonne im Meer versinkt
> und vom Himmel die bleiche Sichel den Mondes blinkt,
> zieh'n die Fischer mit ihren Booten auf's Meer hinaus,
> und sie legen in weitem Bogen die Netze aus.
> Nur die Sterne, sie zeigen ihnen am Firmament
> ihren Weg mit den Bildern, die jeder Fischer kennt.
> Und von Boot zu Boot das alte Lied erklingt, hör' von fern, wie es singt:
> Bella, bella, bella Marie,
> bleib mir treu,
> ich komm zurück morgen früh!
> Bella, bella, bella Marie,
> vergiß mich nie!"
> (Rudi Schuricke: „Caprifischer")

Besorgen Sie sich von Ihren Großeltern Schallplatten mit Schlagern aus den 50ern, in denen Sehnsucht, Süden und Heimweh schon im Titel deutlich werden. Spielen Sie die Platten vor und untersuchen Sie die Texte auf die „Träume" hin.

Werten Sie die deutsche Schlagerhitparade des letzten Monats aus. Vergleichen Sie die Themen und Texte ausgewählter Schlager mit denen der 50er-Jahre.

Literatur-Kartei „Der Vorleser"

Küsse und Schläge

Hanna und Michael wollen ein paar Tage aus ihrer Heimlichkeit ausbrechen, um sich in fremder Umgebung normal verhalten und in der Öffentlichkeit zeigen zu können. Für ein junges Liebespaar wurde damals durch die rigide Moral jener Zeit das Fernweh oft an die Kette gelegt.

Gemeinsames Verreisen?

> Viele berufstätige Brautleute haben den verständlichen Wunsch, ihre oft knappen Ferientage gemeinsam zu verbringen. Nicht immer ist es möglich oder erwünscht, dass Eltern oder ältere Bekannte sie dabei begleiten, und so ist es heute vielfach üblich, dass Brautpaare auch allein zusammen verreisen. Alles im Leben sei eine Frage der Nuance, hat einmal jemand gesagt. Auch solche Reisen gehören dazu – eine kleine Nuance Vertraulichkeit zu viel, eine kleine Nuance Zurückhaltung zu wenig, und sie werden zum Anstoß. Denn die Ehre eines jungen Mädchens, einer Frau ist wie ein Spiegel, den schon ein leichter Hauch trübt.
> Das bedeutet, praktisch gesehen: Verzicht auf leicht misszudeutende Dinge, wie z.B. nebeneinander liegende Zimmer im Hotel, Verzicht auf herausforderndes Zur-Schau-Stellen von Zärtlichkeiten und Verzicht auf allzu betontes Zurückziehen in die Zweisamkeit, an dessen Stelle vielleicht besser der Anschluss an ältere Reisegefährten tritt ...
> (DR. GERTRUD OHEIM, EINMALEINS DES GUTEN TONS, BERTELSMANN VERLAG 1958, 20. AUFLAGE, S. 186)

Wie versucht Michael das Geld für die Reise zu beschaffen?

zum Vergleich durchschnittliche Stundenlöhne in Industriebranchen 1954:
Nahrungsmittelindustrie: Männer 1,64 DM, Frauen 1,02 DM
Metallverarbeitung: Männer 1,95 DM, Frauen 1,29 DM

Welche Rolle übernimmt Michael auf der Reise?

Wie gelingt es den beiden die rigide Moral ihrer Zeit zu unterlaufen?

In Amorbach gibt es einen hässlichen Streit. Wie kommt es zu diesem Streit und wie läuft er ab? Beschreiben Sie die jeweiligen Reaktionen nach dem Streit. Inwiefern hat sich das Verhältnis dadurch verändert?

Schreiben Sie auf, welche Erwartungen Hanna und Michael jeweils an die Reise stellen. Haben sich diese Erwartungen erfüllt?

Welchen Preis muss Michael zahlen, damit er auch die letzte Ferienwoche „allein zu Hause" verbringen darf (Kap. 12)?

Literatur-Kartei „Der Vorleser"

→ Kapitel 13 bis 17

Im Gleitflug der Liebe

„Der Sommer war der Gleitflug unsrer Liebe." *(S. 67)*

✎ Erläutern Sie, was mit diesem Satz gemeint ist.

Michael findet für Hanna einen ungewöhnlichen Vergleich: Hanna, die Stute. Wie kommt er dazu? Welche Assoziationen löst dieser Vergleich aus?

Welche Anzeichen für eine Lockerung der Beziehung zu Hanna zeigen sich? (Kap. 13–15) Welche Empfindungen löst das bei Michael aus?

✎ Worin besteht Michaels „Verrat"?

Wie reagiert Hanna auf seine wachsende Emanzipation? (vgl. Text „Von der Macht der Ohnmächtigen", S. 27)

Untersuchen Sie Ursachen und Folgen von Hannas plötzlichem Verschwinden.

Literatur-Kartei „Der Vorleser"

Schuld und Unschuld 1

Beschuldigung des Opfers

Verdrängung

Selbsthass

minimales Schuldbewußtsein

Flucht

Aggressionen

besondere Zärtlichkeit

Selbsterniedrigung

Isolation

Erpressbarkeit

Minderwertigkeitskomplexe

Schamgefühle

Selbstverachtung

Unterwerfungsgesten

Kompensation

Schuld:

Schuld, die; -, -en (mhd. schulde, schult, ahd. sculd(a), zu: sculan, → sollen u. eigtl. = Verpflichtung): **1. (o.Pl.)** *Ursache von etw. Unangenehmen, Bösem od. eines Unglücks, das Verantwortlichsein, die Verantwortung dafür:* Es ist nicht seine, ihn trifft keine S. *(er ist nicht dafür verantwortlich zu machen, kann nichts dazu);* die S. liegt an, bei mir; er hat, trägt die S. an dem Misserfolg, Unfall; jmdm., den Umständen die S. an etw. zuschreiben; die, alle S. auf jmdn. Abzuwälzen suchen; ..., wenn ich sie zu trösten suchte und ihr riet, alle S. auf mich zu schieben (Salomon, Boche 61); Der Schlag misslingt, jeder schiebt dem anderen die S. zu (Sieburg, Blick 25); Grundfalsch war es ..., wenn etwa diese Rupp die ganze S. auf sich nehmen würde, um ihren Mann vor dem Gefängnis zu retten (Baum, Paris 36); jmdm. die S. [an etw.] geben *(jmdn. [für etw.] verantwortlich machen);* ...
2. (o.Pl.) *bestimmtes Verhalten, bestimmte Tat, womit jmd. gegen Werte, Normen verstößt; begangenes Unrecht, sittliches Versagen, strafbare Verfehlung:* S. und Sühne; eine persönliche kollektive S; wenn ich jetzt von S. spreche, so meine ich die gegenüber unserem ... Volk! (Plievier, Stalingrad 345); er hat eine schwere S. auf sich geladen (geh.; *hat sich ein schweres Vergehen zuschulden kommen lassen);* Die Eisenbahnbehörde bestritt hartnäckig jede S. (Feuchtwangener, Erfolg 115); sich keiner S. bewusst sein *(sich nicht schuldig fühlen; nicht das Gefühl haben, etw. falsch gemacht zu haben);* Gott um Vergebung unserer S. *(Sünden)* bitten ...

AUS: DUDEN. DAS GROSSE WÖRTERBUCH DER DEUTSCHEN SPRACHE IN 8 BÄNDEN. MANNHEIM 1995. BD. 6, S. 3005 F.

Arbeiten Sie wesentliche Punkte
dieser Definition von „Schuld" heraus.

Tragen Sie in dem Arbeitsbogen (s. S. 32)
zusammen, wobei Hanna und Michael jeweils
schuldig werden.

Wie gehen Hanna und Michael jeweils
mit ihrem eigenen schuldhaften Verhalten um?
Welche Auswirkungen hat die Schuld
jeweils auf sie selber?
Belegen Sie Ihre Aussagen
an geeigneten Textstellen.

Literatur-Kartei „Der Vorleser"

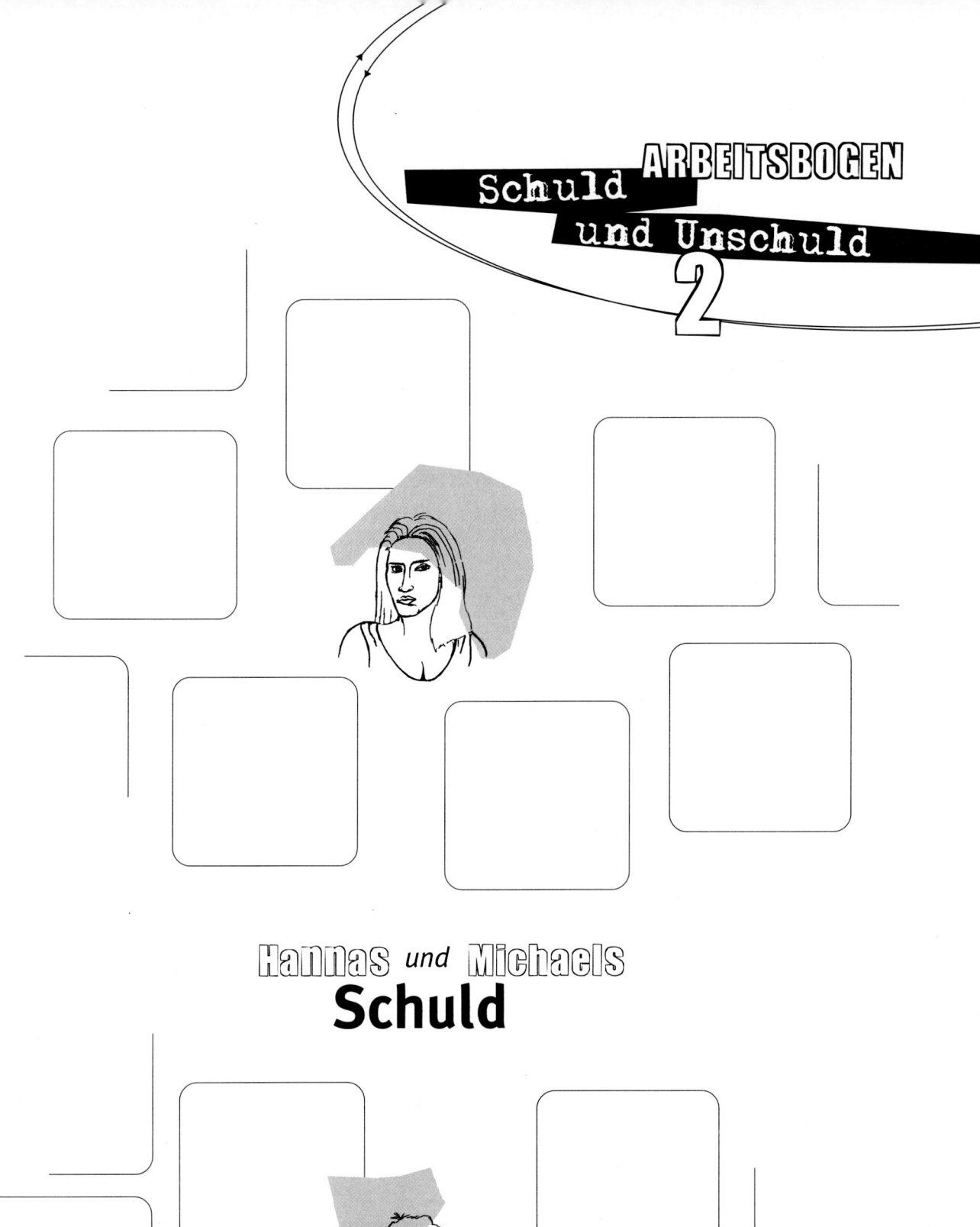

ARBEITSBOGEN
Schuld und Unschuld 2

Hannas und Michaels **Schuld**

Literatur-Kartei „Der Vorleser"

LÖSUNGEN
Schuld und Unschuld 3

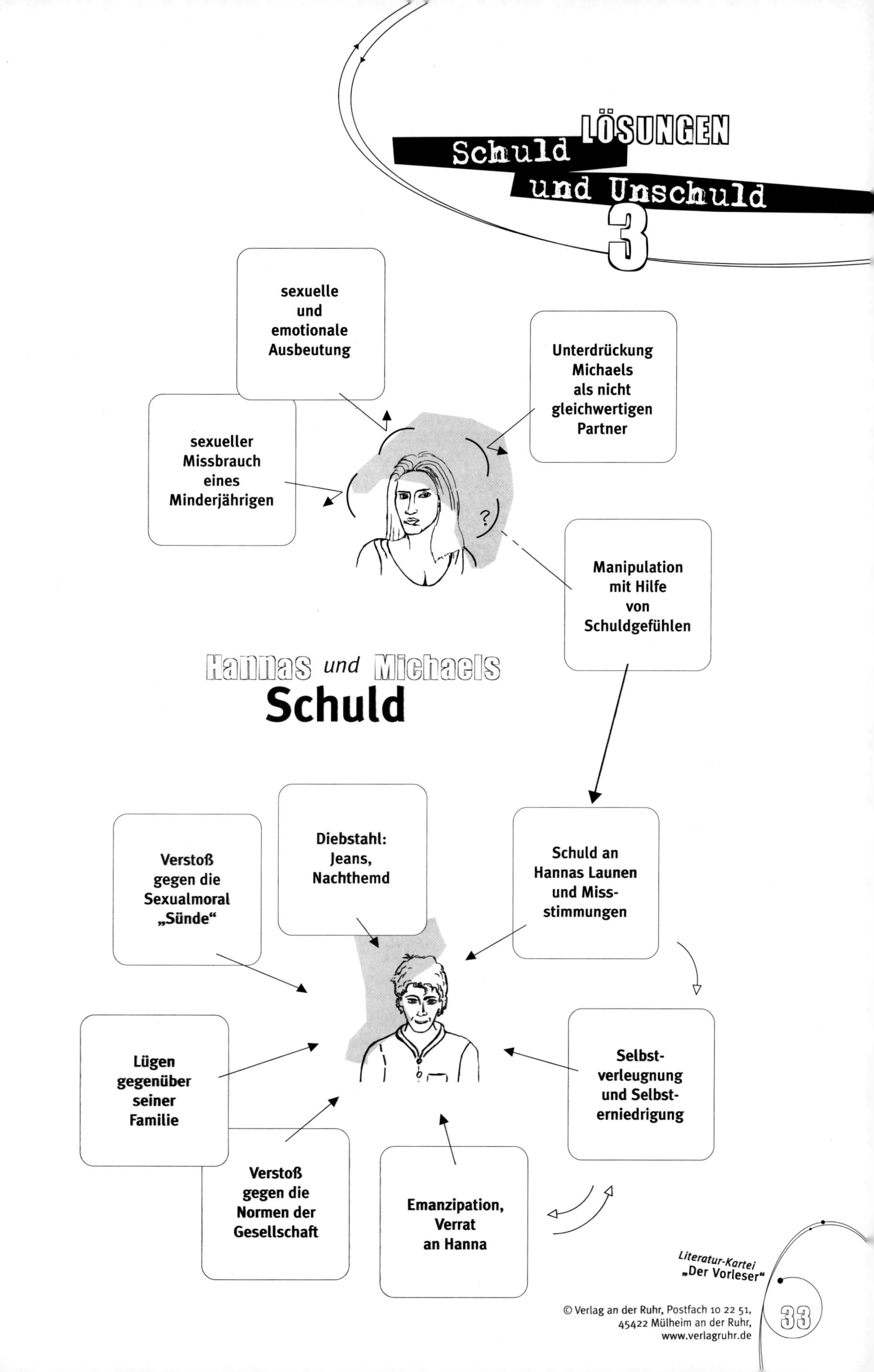

Hannas und Michaels Schuld

Hanna:
- sexuelle und emotionale Ausbeutung
- sexueller Missbrauch eines Minderjährigen
- Unterdrückung Michaels als nicht gleichwertigen Partner
- Manipulation mit Hilfe von Schuldgefühlen

Michael:
- Verstoß gegen die Sexualmoral „Sünde"
- Diebstahl: Jeans, Nachthemd
- Schuld an Hannas Launen und Missstimmungen
- Lügen gegenüber seiner Familie
- Verstoß gegen die Normen der Gesellschaft
- Emanzipation, Verrat an Hanna
- Selbstverleugnung und Selbsterniedrigung

Literatur-Kartei „Der Vorleser"

2. Buch, Kapitel 1
„Die Leichtigkeit des Seins"

Michael erinnert sich an seine ersten Studienjahre als „glückliche Jahre".
Die anfänglichen Schuldgefühle nach Hannas Verschwinden belasten ihn nicht mehr und er gewöhnt sich an ein Leben ohne sie.

Beschreiben Sie sein Lebensgefühl während dieser Zeit. Erläutern Sie seine Lebenseinstellung.

Michaels Sexual- und Gefühlsleben ist durch Hanna sehr früh entscheidend geprägt worden.
Echte Partnerschaft, getragen von gegenseitigem Respekt und Vertrauen, von geistigem Austausch, von emotionaler Nähe und Liebe, hat er in seiner Beziehung nicht erfahren.
Er lernte statt dessen die Beziehung zwischen Mann und Frau als einen gnadenlosen Kampf um Herrschaft und Unterwerfung kennen, bei dem Sexualität als reines Ausleben von Trieben oder als Mittel zur Herrschaft, als Besitznahme, bzw. Lohn für Wohlverhalten erfahren wurde.

Analysieren Sie die Beziehung von Michael und Sophie und erklären Sie sein Verhalten.
(S. 64–66, 72–74 und 83–85)

Sophie ist bitter enttäuscht, als sie merkt, dass es Michael „nicht wirklich um sie zu tun war", und sagt unter Tränen: „Was ist mit dir passiert, was ist mit dir passiert."
(⸻> S. 85)

Bereiten Sie ein Rollenspiel vor.
Thema: Michael spricht offen mit Sophie über sein Gefühlsleben und seine unbewältigte Beziehung zu Hanna.
Das Gespräch kann auf sehr unterschiedliche Weise ablaufen, je nachdem, ob
a) Michael wirklich nichts an Sophie liegt,
b) Michael sein Verhalten gegenüber Sophie bereut.
Spielen Sie verschiedene Möglichkeiten durch.

Welche Auswirkungen hat Michaels sexuelle und emotionale Prägung für künftige Beziehungen?

Was verbirgt sich in Wirklichkeit hinter seiner „Leichtigkeit des Seins"?

→ 2. Buch, Kapitel 2 bis 4

Last der Vergangenheit

Das zweite Kapitel des zweiten Buches beginnt mit dem Satz:
„Ich sah Hanna im Gerichtssaal wieder".
(→ S. 86)

Die KZ-Wärterin Hermine Ryan-Brausteiner mit ihrem Verteidiger. Sie wurde „die Stute" genannt, weil sie Häftlinge mit ihre eisenbeschlagenen Stiefeln zu treten pflegte.

Hermine Braunsteiner, die nach dem Krieg in die USA auswanderte, dort den Amerikaner Russell Ryan heiratete und etliche Jahre als brave Hausfrau lebte, wurde besondere Brutalität im Umgang mit KZ-Häftlingen nachgesagt.

Im Majdanek-Prozess (26.11.1975 –30.6.1981) wurde sie zu lebenslanger Haft verurteilt und nach 15 Jahren Haft 1996 schließlich 77jährig begnadigt.

Ihre wohl latent vorhandene Neigung zum Sadismus kam durch die Tätigkeit als KZ-Aufseherin besonders zum Ausdruck. Sie selbst wies im Prozess jegliche Schuld von sich und berief sich auf ihre Pflicht, die sie als Wärterin zu erfüllen hatte.

Als „Zahnrad im Getriebe" sei sie in das System hineingezogen worden und nicht fähig gewesen, dieses „Schicksal" zu ändern.

Braunsteiner: „Im Lager gab es kein Zurück. Es war Krieg und jeder musste an seinem Platz ausharren, wo er hingestellt wurde."
(NACH: SÜDDEUTSCHE ZEITUNG, 13.12.1996)

(QUELLE: DPA)

- Unter welchen Umständen sieht Michael nach vielen Jahren Hanna überraschend wieder? Beschreiben und erklären Sie Michaels Empfindungen bei diesem unerwarteten Wiedersehen.
- Weshalb erschrickt Michael, als Hannas Verteidiger die Aufhebung des Haftbefehls fordert?
- Vergleichen Sie Hannas Erklärungen vor Gericht mit Hermine Ryan-Brausteiners Aussagen.
- Bernhard Schlink zeigt in der Darstellung Hannas Parallelen zu Hermine Ryan-Brausteiners Biografie. Diese Vermutung legt der Kosename nahe, den Michael Hanna gibt. (Kap. 14, S. 68)
- Informieren Sie sich über den Majdanek-Prozess und Hermine Ryan-Brausteiner und zeigen Sie mögliche Parallelen zu Hanna auf.

Literatur-Kartei „Der Vorleser"

„Einmal muss Schluss sein"*

In einer SPIEGEL-Umfrage, die im April 2001 durchgeführt wurde, äußerten 53% der Befragten zum Thema NS-Vergangenheit und dem Umgang mit NS-Verbrechen:
„Man muss auch vergeben können. Man weiß ja nicht, wie man selbst in dieser Situation gehandelt hätte."
42% der Befragten urteilten:
„Ich verurteile die Taten, die Deutsche während des zweiten Weltkrieges begangen haben, rigoros. Dafür kann es keine Entschuldigung geben."

Auf die Frage:
„Wie schätzen Sie die Gefahr ein, dass es in Deutschland irgendwann einen neuen Hitler gibt?"
antworteten: ... sehr groß: 5%
... ziemlich groß: 16%
... ziemlich gering: 41%
... sehr gering: 35%

(EMNID-UMFRAGE FÜR DEN SPIEGEL VOM 25. UND 26. APRIL AN RUND 1000 BEFRAGTEN; AN 100 FEHLENDE PROZENT: „KEINE ANGABE".
IN: SPIEGEL 19/2001)

*Aussage eines Passanten zu den jüngsten NS-Prozessen in der Dokumentation: „Holocaust – Die ahnungslosen Deutschen", NDR, 1.7.2001

Wie beurteilen Sie diese Aussagen/Einschätzungen?

Was steckt hinter dem Satz:
Man weiß ja nicht, wie man selbst in dieser Situation gehandelt hätte?

Welche Auffassung von persönlicher Verantwortung verbirgt sich dahinter?

Wegschauen; nichts mitkriegen wollen.
– Finden Sie konkrete Beispiele, bei denen es heute noch die übliche Praxis ist.

Bernhard Schlink sagt über unseren heutigen Stand der Auseinandersetzung mit dem Holocaust:

> *Wenn damals das Eis, auf dem man sich kulturell und zivilisatorisch sicher wähnte, in Wahrheit so dünn war – wie sicher ist dann das Eis, auf dem wir heute leben? Was schützt uns vor dem Einbrechen? Die individuelle Moral? Die gesellschaftlichen und staatlichen Institutionen? Ist das Eis mit dem Ablauf der Zeit dicker geworden, oder hat uns der Ablauf der Zeit nur vergessen lassen, wie dünn es ist?*

(BERNHARD SCHLINK: AUF DEM EIS, IN: DER SPIEGEL, 19/2001)

Welche Gefahr sieht Schlink in unserer (zeitlichen) Distanz zu der NS-Vergangenheit?

Welche Konsequenzen lassen sich daraus für die Gegenwart ableiten? Formulieren Sie Ihre Antwort auf die von Schlink aufgeworfenen Fragen.

Literatur-Kartei „Der Vorleser"

„Einmal muss Schluss sein" 2

Unmittelbar nach der Befreiung begannen die Alliierten mit der Entnazifizierung. Die Maßnahmen reichten von der Inhaftierung und Verurteilung von Kriegsverbrechern bis zur Entlassung von aktiven Nazis aus dem öffentlichen Dienst. In den ersten NS-Verfahren wurden Nazi-Verbrecher streng verfolgt. Dem gegenüber stand eine kollektive Schuldabwehr der Deutschen, die – konfrontiert mit dem Holocaust – sich von ihrer moralischen Verantwortung lossagten.

Bis 1949 führten die Alliierten in den drei Westzonen 3,66 Mio. Entnazifizierungsverfahren durch: Die Beschuldigten wurden in unterschiedlichen Kategorien zusammengefasst: 25.000 Personen wurden in eine der ersten beiden Kategorien – „Hauptbeschuldigte und Belastete" – eingeordnet; in die dritte Kategorie „Minderbelastete" fielen 150.000 Personen; die vierte Kategorie der „Mitläufer" umfasste 1 Mio. Personen.

Auch beim Beamtenapparat griffen die Alliierten hart durch. Die während des Krieges im öffentlichen Dienst Beschäftigten wurden konsequenterweise entlassen.

Sehr bald wurde jedoch die Zahl derer, die sich tatsächlich schuldig gemacht hätten, als weit weniger hoch angesehen. – Die ersten Bemühungen um Begnadigung der von den Alliierten (teilweise zum Tode) verurteilten NS-Verbrecher begannen schon in den Jahren 1946/47. In den darauffolgenden Jahren wurde die Kritik an der Entnazifizierung öffentlich sehr deutlich gemacht. Man wünschte sich einen Neuanfang und wollte schon bei der Gründung der neuen Bundesrepublik mit der belastenden Vergangenheit „endlich" abschließen.

Forderungen nach einer Amnestie für Mitläufer und Minderbelastete wurden laut. Der neue Bundeskanzler, Konrad Adenauer, wünschte endlich die Aufhebung der Trennung von „politisch einwandfreien" und „nichteinwandfreien" Bürgern. Wo es der Bundesregierung angemessen schien, wollte sie daher „Vergangenes vergangen sein lassen". Adenauer 1949:

> *Wir haben so verwirrte Zeitverhältnisse hinter uns, dass es sich empfiehlt, generell tabula rasa zu machen.*

Vergangenheits*politik*

Mit dem Straffreiheitsgesetz von 1949 wurde einiges dazu beigetragen. Die Amnestie kam u.a. auch NS-Tätern zugute. Straftaten wie Körperverletzung mit Todesfolge und Totschlag waren einbezogen. Doppelt profitierten untergetauchte Täter, da sie zum einen der Strafe für ihr Untertauchen entgingen, zum anderen, weil die Entnazifizierung inzwischen nicht mehr als eine Formsache war. Wirtschaftsbosse, wie Alfred Krupp und Friedrich Flick, die die Naziverbrechen finanziert hatten, kamen frei und setzen ihre unternehmerische Tätigkeit unbehelligt fort. Schätzungsweise Zehntausende konnten so wieder zu einem normalen Leben zurückkehren.

Mit dem Wiedereingliederungsgesetz nach Art. 131 GG von 1951 war auch der öffentliche Dienst wieder rehabilitiert. Bereits 1950 waren 30% der von den Westmächten entlassenen Beamten wieder im öffentlichen Dienst beschäftigt. Im Jahre 1951 betrug nach etlichen durchgerungenen Begnadigungen die Zahl der bei den Westmächten Einsitzenden nur noch knapp 1.800 Personen! – In der Zeit des Kalten Krieges waren die Westalliierten eher bereit, Alt-Nazis in dem Kampf gegen die Kommunisten einzusetzen statt sie zu bestrafen. Die Bundesrepublik sollte in das Bündnis gegen die UdSSR einbezogen werden, wodurch man auch die Demokratisierung gesichert sah.

Mitte der 50er-Jahre waren mit dem zweiten Straffreiheitsgesetz fast alle mit einer NS-Vergangenheit ihre Sorgen los. Nicht nur die 3,6 Millionen „Entnazifizierten" und Zehntausende von Amnestierten konnten ihre Vergangenheit abschütteln. Auch die meisten der in den Nürnberger Nachfolgeprozessen und vor Militärgerichten der Alliierten als Kriegs- und NS-Verbrecher Verurteilten kamen wieder frei.

1953 waren auch im öffentlichen Dienst viele der „verdrängten Beamten" wieder tätig: Im Ministerialbereich der Bundesverwaltung befanden sich 30% der vorher entlassenen Beschäftigten; im Auswärtigen Amt 40%, im Innenministerium 42% und sogar 75% im Bundesministerium für Vertriebene.

Ende der 50er- und in den 60er-Jahren stand die juristische Ahndung von NS-Verbrechen, und ein damit verbundenes relativ breites Medieninteresse, einem häufig anzutreffenden individuellen Schweigen der Menschen gegenüber. Der verbrecherische Charakter des NS-Regimes wurde nicht geleugnet, aber von der älteren Generation, die den Krieg miterlebt hatte, nicht mit der persönlichen Lebenserfahrung in Verbindung gebracht („Nichts gesehen – Nichts gewusst!").

Literatur-Kartei „Der Vorleser"

„Einmal muss Schluss sein" 3

FORTSETZUNG:

Mit den großen NS-Prozessen (Auschwitz-Prozess) begann eine Zeit der Umorientierung und Selbstaufklärung. Die Orientierung an den Werten der Demokratie machte eine kritische Auseinandersetzung mit dem Nationalsozialismus unumgänglich. In der Presse wurden Forderungen nach einer energischen Verfolgung der NS-Verbrechen laut, um endlich reinen Tisch machen zu können. Mit der Errichtung der Zentralen Stelle der Landesjustizverwaltungen* 1958 schien der erste Schritt dazu getan. Doch der systematischen und konsequenten Verfolgung von NS-Verbrechern stand die mittlerweile einsetzende Verjährung entgegen. 1960 verjährten die als Totschlag qualifizierten Delikte, die bis dahin unentdeckt geblieben waren. Tötungsdelikte also, die auf Befehl ausgeführt wurden und bei denen den Tätern keine niederen Beweggründe, wie Grausamkeit oder Rassenhass, nachgewiesen werden konnten.

1969 trat ein Änderungsgesetz in Kraft. Der Gesetzgeber änderte eine Vorschrift des allgemeinen Strafrechts, die Tatgehilfen zugute kam. Im Zusammenhang mit den damals geltenden Vorschriften verjährten Taten von Mordgehilfen schon am 1.1.1969, also mit 9 Jahren Rückwirkung. Zu den Mordgehilfen zählten vor allem sogenannte Schreibtischtäter, so z.B. die Mitarbeiter oberster Reichsbehörden und des Reichssicherheitshauptamtes, die als Planer und Organisatoren maßgeblich an dem Massenmord beteiligt waren. – Auf die Idee, gegen Mitarbeiter der Reichsbahn vorzugehen, die die Sonderzüge zu den KZs organisierten, kam niemand. Auf diese Weise wurde die Verfolgung zahlreicher NS-Verbrechen verhindert und die langjährigen Ermittlungen verliefen im Sande.

Im Widerspruch zu der Haltung der älteren Generation stand die radikal Kritik übende Generation der 68er. Es war die erste Generation, die über keine eigenen Erinnerungen an die NS-Zeit verfügte, und umso stärker die Gesellschaft mit den NS-Verbrechen konfrontierte. Einen wichtigen Antrieb dazu lieferten die NS-Prozesse in den 60er-Jahren (s. S. 45–48). – Schlink gehört selbst zur 68er-Generation. In einem Interview mit dem Magazin SPIEGEL äußert er sich zu der Aufarbeitungsarbeit seiner Generation (s. S. 49).

**Hitler war für viele das personifizierte Böse,
das über Deutschland hereinbrach.
Die Deutschen sahen sich als Opfer eines großen Verführers.
„Was hätte ich denn machen sollen?"
war eine vielfach strapazierte Begründung
für das kollektive Zuschauen und Mitmachen.**

*"Nichts gesehen – nichts gewusst."
Welche Art des Umgangs mit der Vergangenheit
macht diese Einstellung deutlich?*

*Wie muss man sich heute verhalten,
um später so etwas selbst sagen zu können?*

*Hitler als großer Verführer;
die Deutschen als die irregeleiteten Opfer.
– Was für eine Position steckt
hinter einer solchen Sichtweise?*

*Wo gibt es in der Geschichte weitere Beispiele
für Personenkult? Gibt es den (in Ansätzen)
auch heute noch?*

*76 % der SPIEGEL-Befragten halten es heute
für ziemlich/sehr unwahrscheinlich,
dass es einen zweiten Hitler geben könnte. (s. S. 36)
Was sagt das über die Einschätzung der Person
Adolf Hitler aus und die Voraussetzungen,
unter denen er an die Macht kam?*

*Ist Faschismus und Rechtsradikalismus
notwendigerweise an eine Person
wie Hitler gebunden?*

Kontakt:
Zentrale Stelle
der Landes-
justizverwaltungen
Schorndorfer Str. 58
71638 Ludwigsburg

*Literatur-Kartei
„Der Vorleser"*

Ralph Giordano: Das Problem der „zweiten Schuld"

Das Problem der zweiten Schuld

[...] jede zweite Schuld setzt eine erste voraus – hier: die Schuld der Deutschen unter Hitler. Die zweite Schuld: die Verdrängung und Verleugnung der ersten nach 1945. Sie hat die politische Kultur der Bundesrepublik Deutschland bis auf den heutigen Tag wesentlich mitgeprägt, eine Hypothek, an der noch lange zu tragen sein wird. Denn es handelt sich nicht um einen bloß rhetorischen Prozess, nicht um einen Ablauf im stillen Kämmerlein. Die zweite Schuld hat sich vielmehr tief eingefressen in den Gesellschaftskörper der zweiten deutschen Demokratie. Kern ist das, was in diesem Buch der „große Frieden mit den Tätern" genannt wird – ihre kalte Amnestierung durch Bundesgesetze und durch die nahezu restlose soziale, politische und wirtschaftliche Eingliederung während der ersten zehn Jahre der neuen Staatsgeschichte. Das zweite Codewort, gleichsam der rote Faden von der ersten bis zur letzten Seite, ist der „Verlust der humanen Orientierung", ein tief aus der Geschichte des Deutschen Reiches bis hinein in unsere Gegenwart wirkendes Defizit. Beide Codewörter – der große Frieden mit den Tätern und der Verlust der humanen Orientierung – korrespondieren miteinander und bilden meine Betrachtungsgrundlage.

Hauptschauplatz ist die Bundesrepublik Deutschland, obwohl sich bestimmte Abläufe der zweiten Schuld auch auf die Deutsche Demokratische Republik übertragen ließen. Davon wird in einem Kapitel die Rede sein.

Hauptthema ist die historische Fehlentscheidung einer Mehrheit der heute älteren und alten Generationen, sich mit der nationalsozialistischen Vergangenheit und der eigenen Rolle in ihr nicht ehrlich auseinander zu setzen, belastende Erinnerungen abzuwerfen und sich aus einem kompromittierenden Abschnitt selbst erlebter und mitgestalteter Nationalgeschichte herauszustehlen. Dies in Mittäterschaft einer Vielzahl bundesdeutscher Politiker aller Parteien, die um der Wählerstimmen willen dem nationalen Kollektiv der Hitleranhänger bei Verdrängung und Verleugnung weit entgegengekommen sind und damit ihren Anteil zur zweiten Schuld beigetragen haben. [...]

Wenn der Einwurf käme: hier werde also angeklagt, so widerspräche ich nicht. Das täte ich erst, wenn behauptet würde, ich erhöbe Anklage. Denn die wohnt dem Thema selbst ganz natürlich inne, geht es doch nicht etwa um moralische Kategorien allein, sondern auch um einen blutig-realen Hintergrund von nie dagewesenen Dimensionen – um Auschwitz und um alles, was dieser Name symbolisiert und materialisiert. Jeder persönliche Zusatz wäre nicht nur überflüssig, er wäre auch vermessen. Der Einzelne kann dem Urteil der Geschichte nichts mehr hinzufügen, es ist gefällt.

[...] die zweite Schuld setzte unmittelbar nach der ersten ein. Heute, mit der riesigen Erfahrung von vier Jahrzehnten, kann gesagt werden, dass die hartnäckige Verweigerung aus Angst vor Selbstentblößung eine Mehrheit der alten und älteren Generationen nach dem zweiten Weltkrieg weit stärker motiviert hat als das Wohl ihrer Kinder. Natürlich ist sie nicht bereit, ihre historische Fehlentscheidung mit dieser Konsequenz zu koppeln, aber, unabhängig von der subjektiven Bewusstlosigkeit gegenüber den Folgen der Verweigerung, war dies ihr objektives Resultat.

Zu diesem Zweck haben sich die Eltern und Großeltern mit erstaunlicher Ausdauer vors Gesicht gehalten, was hier die „Maske" genannt werden soll. Sichtbar wurde dahinter nur der Teil, den der Selbstschutz zu lüften gestattete, und das war wenig genug. Der andere, größere Teil wurde seit 1945 vor Kindern und Kindeskindern fintenreich – und oft genug auch qualvoll – verdeckt gehalten. Die Maske ist inzwischen von Millionen und Abermillionen ihrer Träger mit ins Grab genommen worden.

(AUS: RALPH GIORDANO: DIE ZWEITE SCHULD ODER VON DER LAST, DEUTSCHER ZU SEIN. HAMBURG–ZÜRICH: RASCH UND RÖRIG, 1987, S. 11–13)

Das Problem der zweiten Schuld 2

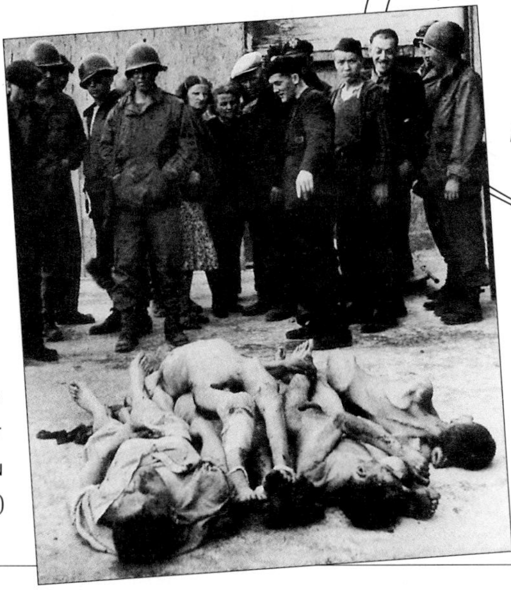

(© Lee Miller Archiv, aus: Der Krieg ist aus, Elefanten Press, Berlin)

2000 Einwohner Weimars – Männer, Frauen und Kinder – werden nach der Befreiung gezwungen, das KZ Buchenwald zu besichtigen.

Erste Maßnahmen der Aliierten zur Entnazifizierung

Wessen Schuld?

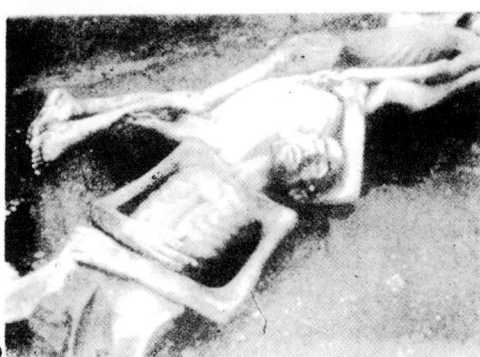

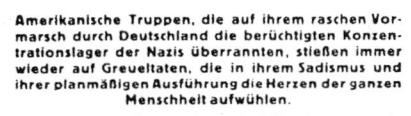

Amerikanische Truppen, die auf ihrem raschen Vormarsch durch Deutschland die berüchtigten Konzentrationslager der Nazis überrannten, stießen immer wieder auf Greueltaten, die in ihrem Sadismus und ihrer planmäßigen Ausführung die Herzen der ganzen Menschheit aufwühlen.

Mit teuflischer Grausamkeit sind Hunderttausende von Menschen gefoltert, zu Tode geprügelt, lebendig verbrannt oder vergast worden. Hierfür wurden Beweise gefunden, die durch eine Fülle von Aussagen der noch überlebenden Insassen erhärtet werden. Auch die Lagerwachen haben im Verhör eingestanden, an diesen Bestialitäten beteiligt gewesen zu sein.

In den Vernichtungslagern von Sachsenhausen, Buchenwald, Auschwitz, Celle, Ohrdruf, Dachau, Kislau, Vaihingen und vielen anderen sind nicht nur Männer, sondern auch Frauen, Greise und sogar Kinder den durch Rassendünkel entmenschten Hitler-Henkern zum Opfer gefallen. Die Schuld der Gemarterten bestand darin, Russen, Polen, Juden, Franzosen oder Tschechen gewesen zu sein. Andere wurden deshalb gefoltert, weil sie sich zu den einfachsten Idealen der menschlichen Freiheit und der menschlichen Würde bekannten.

Die nebenstehenden Lichtbilder wurden von amerikanischen Heeresberichterstattern sofort nach der Befreiung des KZ Landsberg am Lech aufgenommen.

Es gibt da nichts wegzuleugnen.

Es gibt keine Sühne für die Verbrechen, welche die Nationalsozialisten und ihre Henkersknechte auf sich geladen haben.

Das Gefühl einer ungeheuren Schuld muß alle Gewissen in Deutschland aufs tiefste erschüttern.

BILD 1: Die verbrannten Leichen von jüdischen Insassen vor den schwelenden Trümmern ihrer Hütten.
BILD 2: Die versengten Überreste von jüdischen Gefangenen, die von den zurückweichenden Lagerwachen in der Asche ihrer Lagerhütte gelassen wurden. Die Opfer wurden bei lebendigem Leibe verbrannt.
BILD 3: Gefangene, die während ihrer Inhaftierung im Landsberger Konzentrationslager den Hungertod erlitten.
BILD 4: Lagerhütten, die von den Naziwachmannschaften vor ihrem Rückzug in Brand gesteckt wurden.

(QUELLE: ANSCHLÄGE/POLITISCHE PLAKATE IN DEUTSCHLAND 1900–1980, FRIEDRICH ARNOLD (HRSG.), BÜCGHERGILDE GUTENBERG, FRANKFURT, 1985)

Informieren Sie sich in Geschichtsbüchern oder im Internet über die Entnazifizierung, die von den Siegermächten nach dem Zweiten Weltkrieg betrieben wurde.

Diskutieren Sie, ob dieses der richtige Weg hin zu einer Auseinandersetzung mit der Schuld gewesen ist.

Anmerkung zum Plakat:

Dass das volle Ausmaß der Massenvernichtung zu dem Zeitpunkt noch nicht bekannt war, bezeugt die fehlgeschätzte Angabe, dass „Hunderttausende" von Menschen in den KZs umgekommen sind.

Literatur-Kartei „Der Vorleser"

Das Problem der zweiten Schuld 3

Entnazifizierungs-Fragebogen

Einreihungsbescheid: Kategorie III (Minderbelastete)

Den amerikanischen Besatzungsbehörden gelang es nach dem Krieg eine Personalkartei der NSDAP sicherzustellen, in der ca. 8 Millionen Mitglieder erfasst waren.

Im Zuge der Entnazifizierung begab man sich daran, diese belasteten Personen zu überprüfen. Da der damit verbundene Aufwand von den alliierten Behörden nicht bewältigt werden konnte, wurde die Aufgabe an die deutschen Behörden übertragen. Ein Fragebogen sollte die Entnazifizierung erleichtern. Die befragten Personen mussten u.a. Auskunft über Dienstverhältnisse, Truppenzugehörigkeit, Auslandsreisen und sonstige Mitgliedschaften geben. Nach der Auswertung wurden die erfassten Personen entsprechend ihrer Position in der Nazi-Hierarchie in Kategorien eingestuft.

Da die jeweilige Militär- und Parteilaufbahn der Befragten nicht lückenlos nachgeprüft werden konnte, bot die Entnazifizierung viele „Schlupflöcher". Dass die Fragebögen von deutschen Behörden ausgewertet wurden, spricht auch nicht unbedingt für die Zuverlässigkeit der Angaben.

Literatur-Kartei „Der Vorleser"

Das Problem der zweiten Schuld

Zum Hintergrund:

Die Alliierten haben nach 1945 NS-Verbrecher streng verfolgt.
Mit der neuen Bundesregierung brach für viele von ihnen jedoch eine „gnadenvolle" Zeit an.
Zahlreiche NS-Verbrecher wurden wenige Jahre nach ihrer Verurteilung wieder entlassen, so z.B. der NS-Mörder Franz Six, einer der wichtigsten Männer im Sicherheitsdienst: 1948 zum Tode verurteilt und 1951 wieder entlassen; der SS-Funktionär Dr. Werner Best: 1946 zum Tode verurteilt und 1951 entlassen, oder Heinz Lammerding, Chef einer SS-Division: 1947 in Abwesenheit verurteilt und nach seinem Wiederauftauchen nicht eingesperrt.
Im Nachkriegsdeutschland waren SS-Veteranen wieder gefragt, genauso wie Wirtschaftsbosse, die die Nazi-Verbrechen finanziell unterstützten. – Die, die man gebrauchen konnte, wollte man nicht dauerhaft wegschließen.

Die Fakten:

Laut zentraler Stelle der Landesjustizverwaltungen wurde bis Anfang 1999 von deutschen Staatsanwälten gegen 106.496 Beschuldigte ermittelt.
Nur 6.495 der Angeklagten wurden tatsächlich verurteilt, davon 166 zu lebenslangen Freiheitsstrafen. Eine verschwindend geringe Zahl im Vergleich zu all denen, die sich ins Ausland absetzen konnten, die aus Mangel an Beweisen nicht verurteilt werden konnten, deren Verbrechen wegen Verjährung nicht mehr verfolgt wurden, denen NS-treue Richter wohlgesonnen waren oder bei denen die Ermittlungen ins Leere liefen.

> *Von denen, die in den alliierten Militärgerichtsverfahren und vor allem auch im Nürnberger Nachfolgeprozess etwa gegen die Industriellen verurteilt worden sind, ist so gut wie keiner die gesamte Zeit in Haft geblieben.*
> (Norbert Frei*)

- Arbeiten Sie heraus, was Giordano unter der „zweiten Schuld" versteht.
- Weshalb wurde Giordanos Ansicht nach die „Schuld der Deutschen unter Hitler" nicht aufgearbeitet, sondern verdrängt?
- Was hat nach Auffassung des Autors diesen Verdrängungs-/Verleugnungsprozess begünstigt?
- Giordano spricht in seiner Abhandlung von einer „Maske". Überprüfen Sie, ob das Verhältnis von Michael zu seinem Vater auch durch eine solche „Maske" geprägt ist. (2. Buch, Kap. 2 und 12)
- Erörtern Sie, inwiefern sich die zweite Schuld, die Verdrängung der ersten Schuld, angesichts des erstarkenden Rechtsradikalismus in Deutschland als eine Zeitbombe erweisen kann.

★ Buchtipps

* **Informationen zur politischen Bildung.** Deutschland 1945–1949. Besatzungszeit und Staatengründung
* *Saul K. Padover:* **Lügendetektor. Vernehmungen im besiegten Deutschland 1944/45,** Frankfurt a.M., Eichborn, 1999
* *Norbert Frei:* **Vergangenheitspolitik. Die Anfänge der Bundesrepublik und die NS-Vergangenheit,** München, C. H. Beck, 1996

Martin Walser: Dankesrede für den Friedenspreis des Deutschen Buchhandels

[...] In jeder Epoche gibt es Themen, Probleme, die unbestreitbar die Gewissensthemen der Epoche sind. Oder dazu gemacht werden. Zwei Belege für die Gewissensproblematik dieser Epoche.

Ein wirklich bedeutender Denker formulierte im Jahr 1992: „Erst die Reaktionen auf den rechten Terror – die aus der politischen Mitte der Bevölkerung und von oben: aus der Regierung, dem Staatsapparat und der Führung der Parteien – machen das ganze Ausmaß der moralisch-politischen Verwahrlosung sichtbar." Ein ebenso bedeutender Dichter ein paar Jahre davor: „Gehen Sie in irgendein Restaurant in Salzburg. Auf den ersten Blick haben Sie den Eindruck: lauter brave Leute. Hören Sie Ihren Tischnachbarn aber zu, entdecken Sie, daß sie nur von Ausrottung und Gaskammern träumen."

Addiert man, was der Denker und der Dichter – beide wirklich gleich seriös – aussagen, dann sind Regierung, Staatsapparat, Parteiführung und die braven Leute am Nebentisch „moralisch-politisch" verwahrlost. Meine erste Reaktion, wenn ich Jahr für Jahr solche in beliebiger Zahl zitierbaren Aussagen von ganz und gar seriösen Geistes- und Sprachgrößen lese, ist: Warum bietet sich mir das nicht so dar? Was fehlt meiner Wahrnehmungsfähigkeit? Oder liegt es an meinem zu leicht einzuschläfernden Gewissen?

[...] Warum werde ich von der Empörung, die dem Denker einen solchen Satzanfang gebietet, nicht mobilisiert: „Wenn die sympathisierende Bevölkerung vor brennenden Asylantenheimen Würstchenbuden aufstellt ..." Das muß man sich vorstellen: Die Bevölkerung sympathisiert mit denen, die Asylantenheime angezündet haben, und stellt deshalb Würstchenbuden vor die brennenden Asylantenheime, um auch noch Geschäfte zu machen. Und ich muß zugeben, daß ich mir das, wenn ich es nicht in der intellektuell maßgeblichen Wochenzeitung und unter einem verehrungswürdigen Namen läse, nicht vorstellen könnte. [...]

Ich kann solche Aussagen nicht bestreiten; dazu sind sowohl der Denker als auch der Dichter zu seriöse Größen. Aber – und das ist offenbar meine moralisch-politische Schwäche – genau so wenig kann ich ihnen zustimmen. Meine nichts als triviale Reaktion auf solche schmerzhaften Sätze: Hoffentlich stimmt's nicht, was uns da so kraß gesagt wird. Und um mich vollends zu entblößen: Ich kann diese Schmerz erzeugenden Sätze, die ich weder unterstützen noch bestreiten kann, einfach nicht glauben. Es geht sozusagen über meine moralisch-politische Phantasie hinaus, das, was da gesagt wird, für wahr zu halten.

Bei mir stellt sich eine unbeweisbare Ahnung ein: Die, die mit solchen Sätzen auftreten, wollen uns wehtun, weil sie finden, wir haben das verdient. Wahrscheinlich wollen sie auch sich selber verletzen. Aber uns auch. Alle. Eine Einschränkung: alle Deutschen. [...]

ANMERKUNG: TEXT IN ALTER RECHTSCHREIBUNG

Martin Walser: Dankesrede für den Friedenspreis des Deutschen Buchhandels

FORTSETZUNG:

Jeder kennt unsere geschichtliche Last, die unvergängliche Schande, kein Tag, an dem sie uns nicht vorgehalten wird. Könnte sein, daß die Intellektuellen, die sie uns vorhalten, dadurch, daß sie uns die Schande vorhalten, eine Sekunde lang der Illusion verfallen, sie hätten sich, weil sie wieder im grausamen Erinnerungsdienst gearbeitet haben, ein wenig entschuldigt, seien für einen Augenblick sogar näher bei den Opfern als bei den Tätern? Eine momentane Milderung der unerbittlichen Entgegengesetztheit von Tätern und Opfern.

Ich habe es nie für möglich gehalten, die Seite der Beschuldigten zu verlassen. Manchmal, wenn ich nirgends mehr hinschauen kann, ohne von einer Beschuldigung attackiert zu werden, muß ich mir zu meiner Entlastung einreden, in den Medien sei auch eine Routine des Beschuldigens entstanden. Von den schlimmsten Filmsequenzen aus Konzentrationslagern habe ich bestimmt schon zwanzigmal weggeschaut. Kein ernst zu nehmender Mensch leugnet Auschwitz, kein noch zurechnungsfähiger Mensch deutet an der Grauenhaftigkeit von Auschwitz herum; wenn mir aber jeden Tag in den Medien diese Vergangenheit vorgehalten wird, merke ich, daß sich in mir etwas gegen diese Dauerpräsentation unserer Schande wehrt. Anstatt dankbar zu sein für die unaufhörliche Präsentation unserer Schande, fange ich an wegzuschauen. Ich möchte verstehen, warum in diesem Jahrzehnt die Vergangenheit präsentiert wird wie noch nie zuvor. Wenn ich merke, daß sich in mir etwas dagegen wehrt, versuche ich, die Vorhaltung unserer Schande auf Motive hin abzuhören, und bin fast froh, wenn ich glaube, entdecken zu können, daß öfter nicht mehr das Gedenken, das Nichtvergessendürfen das Motiv ist, sondern die Instrumentalisierung unserer Schande zu gegenwärtigen Zwecken. Immer guten Zwecken, ehrenwerten. Aber doch Instrumentalisierung.

Jemand findet die Art, wie wir die Folgen der deutschen Teilung überwinden wollen, nicht gut und sagt, so ermöglichen wir ein neues Auschwitz. Schon die Teilung selbst, solange sie dauerte, wurde von maßgeblichen Intellektuellen gerechtfertigt mit dem Hinweis auf Auschwitz. Auschwitz eignet sich nicht dafür, Drohroutine zu werden, jederzeit einsetzbares Einschüchterungsmittel oder Moralkeule oder auch nur Pflichtübung. Was durch Ritualisierung zustande kommt, ist von der Qualität des Lippengebets.

(AUS: DIE ZEIT, 12.10.1998)

Arbeiten Sie die Kerngedanken von Martin Walsers Rede heraus.

Vergleichen Sie diese mit Schlinks Auffassung von der Aufarbeitungsarbeit seiner Generation (s. S. 49).

Schreiben Sie einen Leserbrief zu Walsers Rede.

Wer sich nicht wehrt, lebt verkehrt

Aus dem noch unpolitischen Protest der Rock'n'Roll-Jugend gegen die Heile-Welt-Kultur der 50er Jahre entwickelte sich in den 60ern an Universitäten und Schulen neben der Hippie-Lebensweise eine politische Protestbewegung, die Außerparlamentarische Opposition, kurz APO. Die Schüler und Studenten wollten mit dem „Mief aus tausend Jahren" (Anspielung auf das „tausendjährige Reich") aufräumen, der im Konservatismus der 50/60er Jahre weiterlebte.

Von der vorausgegangenen Generation forderte man, weil unbelastet dank der „Gnade der späten Geburt", vehement Rechenschaft und die Aufarbeitung der NS-Vergangenheit. (Trotzdem blieb bis ins Jahr 2001 die Frage nach einer Entschädigung von Zwangsarbeitern ungelöst! Im Hin und Her um die juristische Frage der Rechtssicherheit und im Gezerre um Schuld und Geld sind die Opfer beinahe vergessen worden.)

Man orientierte sich, auch als Gegenposition zur älteren Generation, politisch links, sozialistisch, antifaschistisch. Vorbilder fand man in kommunistischen Revolutionsführern wie Che Guevara (Lateinamerika) oder Ho Tschi Min (Vietnam) und Mao Tse Tung (China). Der antiamerikanische Protest gegen den Vietnamkrieg und gegen die Ausbeutung der Dritten Welt wurde leidenschaftlich geführt und die Demonstrationen endeten oft in Straßenschlachten mit der Polizei.

Parallel lief das Engagement gegen eine mangelhafte Bildungspolitik, für die sexuelle Befreiung und die Emanzipation der Frau und für die Abkehr vom Konsumdenken der Wirtschaftswunderzeit. Die Suche nach tragfähigen neuen Zukunftsentwürfen führte auch zu neuen Formen des Zusammenlebens, zum Leben in Wohngemeinschaften, sogenannten Kommunen.

Stoppt Dutschke jetzt!
Sonst gibt es Bürgerkrieg
Nazis jagen – Kommunisten hofieren?

(„Deutsche Nationalzeitung" vom 22.3.1968)

Auseinandersetzung zwischen Polizei und Studenten, in der Mitte Rudi Dutschke

Später entwickelte sich aus dieser vielschichtigen Jugendprotestbewegung eine von Menschen aus allen Generationen getragene Friedens- und Ökologiebewegung, die Hunderttausende zu meist friedlichen Großdemonstrationen mobilisierte und aus der schließlich die Partei „Die Grünen" hervorging. Andererseits endeten besonders militante und kompromisslose Protestler im linken Terrorismus.

> Rudi Dutschke, Sprecher des SDS, war ohne Zweifel der bekannteste Studentenführer. Als er Weihnachten 1967 von der Kanzel der Kaiser-Wilhelm-Gedächtniskirche gegen den Vietnam-Krieg predigen wollte, wurde er hinausgeprügelt. Dutschke war nicht nur wegen seiner Redekunst bekannt; insbesondere die Berliner Zeitungen der Springerpresse hatten ihn zum Bösewicht hochstilisiert. Neben Schlagzeilen wie „Stoppt den Terror der Jung-Roten jetzt" und „Sie wollen Berlin ruinieren. Es gibt nur eine Antwort. Rettet Berlin!" war immer wieder sein Foto abgebildet.
> Als Rudi Dutschke am 11. April 1968 gegen 16.30 Uhr mit seinem Fahrrad das SDS-Zentrum verließ, folgte ihm ein junger Arbeiter und schoß ihn nieder. Der Attentäter, Josef Bachmann, nahm ernst, was er in der Springerpresse gelesen hatte. In vielen Städten der Bundesrepublik löste diese Tat heftige Unruhen aus. Rudi Dutschke starb am 24. Dezember 1979 an den Spätfolgen des Attentats.

(Aus: Tilman Fichter/Siegwart Lönnendonker: „Berlin. Hauptstadt der Revolte", in: Michael Ruetz: APO Berlin 1966–1969, S. 167 f.)

Literatur-Kartei „Der Vorleser"

Wer sich nicht wehrt, lebt verkehrt 2

Presseberichte und Erklärungen zum 2. Juni 1967

„ *Um 20.09 Uhr beginnt ein Massaker. Ohne Ankündigung des Polizeilautsprechers, ohne Warnung durch die Polizisten, ohne akuten Anlaß prügeln Stoßtrupps auf die Demonstranten ein. Als die Polizisten über die Barrieren prügeln, schreit ein Demonstrant „hinsetzen ...", aber die Polizisten schlagen auf die Sitzenden ein. Mädchen bitten: „Nicht schlagen", aber die Polizisten schlagen mit äußerster Kraft, schlagen auf Ohnmächtige, auf Liegende, auf Studenten, die ihren zusammengebrochenen Kommilitonen helfen wollen.* "
(Die Zeit zum 2.6.1967)

„ *Die Berliner Polizeigewerkschaft verteidigt Sitte und Anstand. Sie verlangt, vom Kurs der weichen Welle bei der Behandlung solcher Krimineller endlich abzugehen.* "
(Erklärung der Westberliner Polizeigewerkschaft vom 3.6.1967)

„ *Ich sage ausdrücklich und mit Nachdruck, daß ich das Verhalten der Polizei billige, die sich bis zur Grenze des Zumutbaren zurückgehalten hat.* "
(Heinrich Albertz, ehemaliger Bürgermeister Westberlins, am 3.6.1967)

(Bild vom 3.6.1967)

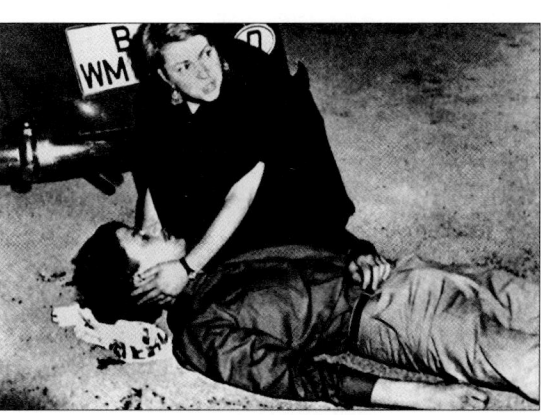

Benno Ohnesorg, erschossen am 2.6.1967

Die Stimme des Volkes – Briefe an die Studentenvertretung

„ *Was vor der Deutschen Oper passiert ist, war offener Aufstand, Aufruhr, Rebellion gegen jede Ordnung und Sicherheit.* "

„ *Ungeziefer muß man mit Benzin begießen und anzünden! Tod der roten Studentenpest! Die rote Studentenpest soll doch rübergehen! Da können sie randalieren, protestieren, demonstrieren mit ihren roten Gesinnungslumpen zusammen. Wir wollen sie nicht sehen, sondern rauswerfen! Am besten in die Spree reinwerfen. Ersäufen!* "

„ *Nur ein Student erschossen, das ist viel zu wenig. Durch den Ofen jagen, das ganze Pack!* "

„ *Wer aber ist im Dritten Reich für die vielen Todesurteile verantwortlich und für die Versuche an Juden? Das waren alles ehemalige Studenten.* "

„ *Als die Juden hier im eigenen Lande vergast wurden, da waren die Studenten still. Jetzt, wo es weit weg ist, verletzt Ihr die eigenen Bürger.* "

✏️ Diskutieren Sie die Reaktionen von Presse und Bevölkerung auf die Auseinandersetzungen während der Demonstrationen.

Literatur-Kartei „Der Vorleser"

Die Avantgarde der Aufarbeitung

Ein alltäglicher Konflikt, den die Studentenbewegung immer wieder ansprach, war die mangelhafte Auseinandersetzung mit der nationalsozialistischen Vergangenheit.

Welche Gefühle hat z.B. Dörte von Westernhagen beim Anblick eines Fotos von ihrem Vater?

Der Nazivater

Die Schwierigkeit, nachzuvollziehen, in welcher Weise mein Vater in das Unrechtssystem verstrickt war, bestand zu einem guten Teil darin, daß er „die saubere Vorderseite des Systems" vertrat. So heißt es zum Beispiel in dem Antrag, den das Generalkommando des I. Panzer-Korps LSSAH (Leibstandarte der SS Adolf Hitler) 1944 an das SS-Führungshauptamt zwecks Beförderung zum Obersturmbannführer stellte, über ihn: „Große, schlanke Erscheinung, ausgeprägter Charakter: offen, kompromißlos, zuverlässig, sehr kameradschaftlich bei voller Wahrung seiner Autorität. Bildung und Lebenserfahrung überdurchschnittlich. Im Einsatz hervorragend tapfer. Als Kdr.s. SS-Panz.-Abt. voll geeignet."

Diese Beurteilung war mir unheimlich. Denn den Stolz auf den Vater, den sie auslöste, durfte ich nicht empfinden. Dabei ist er ebenso groß wie die heimliche Bewunderung für ihn. Da das Mißtrauen darüber, wer dieser Mann in Wirklichkeit war, und der Haß auf ihn ebenfalls „nicht von schlechten Eltern" waren, ergab sich im Gespräch mit „alten Kameraden" zumeist die groteske Situation, daß ich um so wütender wurde, je mehr warme Worte sie für ihn fanden. Als eines Tages der Anruf eines Mannes kam, der mir sagte, er habe als Neunzehnjähriger bei einem von meinem Vater geführten Panzereinsatz 1943 bei Charkow beide Beine verloren, stockte mir das Blut. (...) Die Gräuel, die Härte, die Verachtung seiner Opfer und Gegner kann ich in seinen Gesichtszügen, in der gesamten Gestalt in keiner Weise unterbringen. Selbst das Foto, auf dem sämtliche Kommandeure der Leibstandarte um ihren Kommandanten Sepp Dietrich versammelt sind, alle in Uniform, ordensgeschmückt, über den schwarzen Stiefeln die unvermeidlichen Breeches, läßt den Schrecken, den sie als Gefolgsmänner Hitlers und Besatzer in fremden Ländern verbreiteten, nur ahnen. Sie sehen nicht gefühllos, roh, grausam aus; auch ihr „Chef" nicht, besagter Dietrich, der 1934 während der Entmachtung Röhms sechs SA-Führer durch seine Leibstandarte hatte erschießen lassen, einfach so, ohne Urteil, einzig aufgrund eines Führerbefehls.

(Dörte von Westernhagen: Die Kinder der Täter, München 1991, S. 64 f.)

Michael äußert sich als Teilnehmer an einem Seminar, das einen NS-Prozess beobachtet: „Ich selbst hatte ... das gute Gefühl, dazuzugehören und mit mir und dem, was ich tat, und denen, mit denen ich's tat, im Reinen zu sein." (→ S. 89)

Aus welchen Motiven nimmt er an diesem Seminar teil?

Welches Selbstwertgefühl spricht aus seinen Äußerungen?

Was versteht man eigentlich unter „Aufarbeitung der Vergangenheit"?

Michael denkt über „das Recht" nach. Stellen Sie die unterschiedlichen Formen des Rechts gegenüber, erläutern Sie diese und finden Sie passende Beispiele.

Literatur-Kartei „Der Vorleser"

Die Avantgarde der Aufarbeitung 2

Aufarbeitung von unbewältigter Vergangenheit

Finden eines *abgewogenen* **Urteils**

▲

Klärung der ***Sachlage*** und der **besonderen Umstände**

▲

Verstehen lernen durch intensive **kritische Analyse** der Informationen, dabei immer *vernetzt denken*, **geistige** und **emotionale** *Auseinandersetzung* aus *verschiedenen* Perspektiven

▲

Informationen sammeln, *Hintergrundwissen* erwerben, dabei stets **unterschiedliche Quellen** benutzen

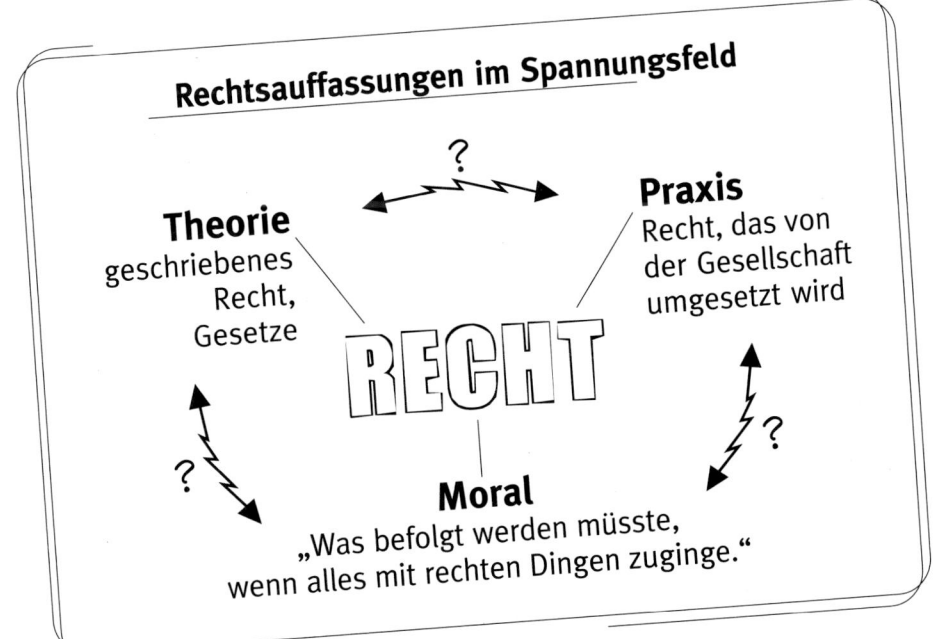

Rechtsauffassungen im Spannungsfeld

Theorie — geschriebenes Recht, Gesetze

Praxis — Recht, das von der Gesellschaft umgesetzt wird

RECHT

Moral — „Was befolgt werden müsste, wenn alles mit rechten Dingen zuginge."

Literatur-Kartei „Der Vorleser"

Bernhard Schlink zur Aufarbeitungsarbeit

In seinem Essay „Auf dem Eis" (DER SPIEGEL 19/2001) setzt sich Bernhard Schlink mit der Notwendigkeit und der Gefahr der Beschäftigung mit dem Dritten Reich und dem Holocaust auseinander.

> [...]
> Für die meisten von uns war die Vergangenheit des Dritten Reichs und des Holocaust prägend. Sie stand im Zentrum unserer Auseinandersetzung mit den Eltern und unserer Absetzung von ihnen; unter ihrem Schatten gewann unser Bild der deutschen Geschichte seine Gestalt; auf sie im Ausland als Deutsche angesprochen, erfuhren wir uns als Deutsche. Die Beschäftigung mit ihr wurde, ob sie in unserer Arbeit eine kleinere oder größere Rolle spielte und spielt, Bestandteil unserer Selbstwahrnehmung und -darstellung.
>
> Das ist der aktuelle Grund für die Gegenwart der Vergangenheit. Nach einer Generation, in der gerade die Opfer und Täter Scheu hatten, von der Vergangenheit zu reden, ist meine Generation tonangebend geworden, für die das Reden über die Vergangenheit selbstverständlich geworden ist.
>
> [...]
> Das ist nicht ohne Gefahr. Als Drittes Reich und Holocaust in den sechziger Jahren thematisiert wurden, musste das Thema gegen Widerstände durchgesetzt und behauptet werden. Um die Widerstände des Vergessens und Verdrängenwollens zu brechen, musste auf dem Thema insistiert werden, wieder und wieder. Aber das Insistieren, das meine Generation damals mit rebellischem Stolz und nicht ohne moralische Kraft eingeübt hat, hat sie auch dann noch beibehalten, als es seine Funktion verloren hatte. Als niemand mehr überzeugt werden musste, dass die Vergangenheit nicht vergessen und verdrängt werden darf. Als es keiner Kraft mehr bedurfte und zu keinem Stolz mehr berechtigte, die Vergangenheit zu thematisieren.
>
> Das Ergebnis ist eine gewisse Banalisierung. Noch ein Gedenkereignis und eine Gedenkstätte, noch eine Tagung, ein Buch, ein Artikel gegen das Vergessen und Verdrängen, [...] dieses Erbe des damals notwendigen Insistierens verspielt die Vergangenheit in kleiner Münze. [...]
>
> Was einmalig, unvergleichbar und vergangen ist, engagiert uns bei hinreichendem historischem Abstand nicht mehr, und das moralische Pathos, mit dem gleichwohl darüber geredet wird, geht ins Leere. Moralisches Pathos, das nicht in moralischem Engagement existenziell eingelöst wird, stimmt nicht, und die nächste Generation hat dafür durchaus ein Gespür. [...]
>
> Die Lehre, die wir aus der Vergangenheit gezogen haben, ist eher eine moralische als eine institutionelle. Was wir unseren Eltern, Lehrern, Professoren oder Politikern vorwarfen, war Blindheit, Feigheit, Opportunismus, ehrgeiziges, rücksichtsloses Verfolgen der Karriere, mangelnde Zivilcourage. [...] Der moralische Anspruch, mit dem die Vorwürfe erhoben wurden, verstand sich daraus, dass mit dem Erheben der Vorwürfe nicht nur das Falsche gerügt, sondern auch das Richtige getan wurde: Es wurde Courage gezeigt.

- Wie bewertet der fast 60-jährige Autor die Aufarbeitungsarbeit seiner Generation?
- Worin bestehen die Gefahren dieser Vergangenheitsbewältigung?
- Können Erscheinungen wie die „Loveparade" und die „Neonazis" auch als „fatale Früchte" der Aufarbeitungsarbeit verstanden werden?.
- Diskutieren Sie, ob für die heutigen Jugendlichen überhaupt noch eine Notwendigkeit der Vergangenheitsbewältigung besteht.
- Bernhard Schlink schreibt in seinem Essay weiter: „Es gibt keine Bewältigung, aber es gibt das bewusste Leben mit dem, was die Vergangenheit gegenwärtig an Fragen und Emotionen auslöst."
- Finden Sie konkrete Beispiele zu den von Schlink angesprochenen „Fragen und Emotionen". Diskutieren Sie darüber. Überlegen Sie, wo es heute notwendig ist, Zivilcourage zu zeigen.

Literatur-Kartei „Der Vorleser"

HANDWERKSZEUG
Aufsatzform: Erörterung (Mind-map©-Methode)

Einerseits fühlt sich Michael als Teil der „Avantgarde der Aufarbeitung", andererseits hat er Zweifel und stellt die Frage nach dem Sinn und Zweck dieses Tuns (→ S. 99).

Heute vergeht in Deutschland kaum ein Tag, ohne dass die Medien von Aufmärschen und Gewalttaten rechtsradikaler Jugendlicher gegen Ausländer, Asylbewerber oder jüdische Einrichtungen berichten.

Daher stellt sich gerade heute die Frage: Worin liegen Sinn und Zweck der Auseinandersetzung mit der Vergangenheit?

Wie kann man bei einem so komplexen Thema die Gedanken bündeln, so dass man sich nicht im Kreis dreht und den Überblick verliert? Stichwortlisten sind da wenig hilfreich, leichter geht es mit der Mind-map-Methode. Mit dieser Arbeitstechnik lassen sich sprachliche Bereiche des Gehirns mit visuellen verknüpfen. Man arbeitet in der Regel kreativer, konzentrierter, effektiver.

Mind-map (Gedankennetz):
- Worin liegen Sinn und Zweck der Auseinandersetzung mit der Vergangenheit?
  - Finden der eigenen Position
  - Selbsterkenntnis
  - Vermeidung von Fehlverhalten
    - Meinungen
    - Handlungen
  - Informationsbedürfnis
  - Gerechtigkeit
    - Wiedergutmachung für die Opfer
    - Sühne für die Täter
  - Besseres Verstehen der Gegenwart
    - politische Entwicklungen
    - wirtschaftliche Zusammenhänge
    - gesellschaftliche Phänomene

Mind-map© (Gedankennetz)

❶ Schreibe in die Mitte eines leeren Blattes die Themenfrage und umkreise sie mit Rot.
❷ Von diesem Zentrum aus können die Hauptgedanken (Argumente) in alle Richtungen wandern. ❸ Als Abzweigungen von den Hauptgedankenästen schreibe mit Blau wichtige Beispiele *(zum Aspekt „besseres Verstehen der Gegenwart" beispielsweise „politische Entwicklungen")*.
❹ Mit Schwarz lassen sich nun zu den Beispielen Folgen und Auswirkungen anfügen.
Auf Probleme und Gefahren kann man mit einem besonderen Symbol ⚡ hinweisen, Zusammenhänge können mit einem → Pfeil gekennzeichnet werden.
Diese Methode bringt Ordnung in die Gedanken, ermöglicht einen Überblick über die Zusammenhänge und lädt ein, Verbindungen zu ziehen. Das ist wiederum hilfreich bei der schriftlichen Ausformulierung der Erörterung.

Literatur-Kartei „Der Vorleser"

HANDWERKSZEUG
Aufsatzform: Bausteine einer Erörterung

Erörterungen beschäftigen sich entweder mit der **Klärung einer Sachfrage** oder mit der **Diskussion einer Entscheidungsfrage** (=dialektische oder Pro/Contra-Erörterung). Sie sind folgendermaßen aufgebaut:

Einleitung

Aufgabe:
- Hinführen zum Thema
- Wecken von Aufmerksamkeit
- Überleiten zum Hauptteil

Elemente:
- Einstieg/Aufhänger: Hinweis auf einen Medienbeitrag, Erläuterung von Begriffen, Beispiel
- Erläuterung des Problems
- Hinweis auf die Themenfrage/Entscheidungsfrage

Wichtig: Keine Argumente in der Einleitung!

Ausführung von Argumenten

Die **Argumente** (=Beweisgründe) sollen überzeugend wirken. Dazu ist es nötig, sie gut mit **Belegen** oder **Beispielen** zu stützen und stets auch auf die jeweiligen **Folgen** und **Auswirkungen** hinzuweisen, z.B.:

Thema: *Die Auseinandersetzung mit der Vergangenheit ist sinnvoll ...*

Argument: *... weil sie hilft, die Gegenwart besser zu verstehen, ...*

Stützung des Arguments (nähere Erläuterung):
... denn bestimmte gesellschaftliche Phänomene scheinen sich zu wiederholen.

Beispiel:
Die wirtschaftliche Krise während der Weimarer Republik, verbunden mit hoher und dauerhafter Arbeitslosigkeit führte zu einer Perspektivlosigkeit bei vielen Menschen und ließ sie anfällig werden für rechtsextreme politische Positionen.

Folgen:
Diese Erkenntnis hilft, heutige Phänomene besser zu verstehen und Gegenstrategien zum Rechtsradikalismus, der bei vielen jungen Menschen verbreitet ist, zu entwickeln.

(Abbildung: BEHAUPTUNG / MEINUNG gestützt auf BEISPIEL, BEISPIEL, ARGUMENTE/BEGRÜNDUNGEN, BELEG, BERUFUNG auf eine AUTORITÄT)

Schluss

1. **Abwägen der Argumente (bei pro/contra)**
2. **Begründete Antwort auf die Themenfrage**
   - begründete Entscheidung für These I oder These II (bei pro/contra)
   - Kompromiss
   - Hinweise auf noch immer bestehende Problematik
   - Ausblick in die Zukunft
3. **persönliche Stellungnahme**

Literatur-Kartei „Der Vorleser"

Die NS-Prozesse wurden aufmerksam von der nationalen und internationalen Presse verfolgt.

HANDWERKSZEUG
Im Spiegel der Presse – Zeitungsnachricht und Reportage

Begleiten Sie den Prozess um Hanna (2. Buch, Kap. 3–17) als Reporter. Schreiben Sie Zeitungsnachrichten über wichtige Phasen des Prozessverlaufs und Reportagen über die Gerichtsverhandlung. Vergleichen Sie die Pressetexte.

Kennzeichen einer Zeitungsnachricht

Ziel Information über Tatsachen
(oder – im Falle einer Propaganda-Zeitung: einseitige Beeinflussung des Lesers)

Stil sachlich, knapp
(in Propaganda-Blättern: pathetisch, kämpferisch, übertreibend)

Gestaltung	Schrifttyp	Teil der Nachricht	Aufgabe
Nachrichtenkopf	große Schrift	Schlagzeile	Blickfang
	kleinere Schrift	Untertitel	erste Information
Nachrichtenkörper	Fettdruck	Meldung	Information zu den W-Fragen: wer, was, wann, wo, wie, warum
	Normaldruck	Bericht	ausführlicher Bericht ⤑ wie, warum ⤑ Hintergrundinformationen ⤑ Vom Wichtigen zum Unwichtigen

Kennzeichen und Aufbau einer Reportage

Die Reportage knüpft an aktuelle und interessante Themen an. Ziel dabei ist, über aktuelle Ereignisse zu informieren und gleichzeitig das Geschehen lebendig und spannend zu präsentieren. Die Reportage ist weit weniger nüchtern und sachlich als eine Zeitungsnachricht. Der Reporter hat die Freiheit, seinen persönlichen Eindruck zu vermitteln und über die Fakten hinaus zu berichten. Er kann dem Leser seine Betroffenheit und sein persönliches Erleben vermitteln und sich dabei einer lebendigen und zwanglosen Sprache bedienen.

Anfang
- unmittelbar ins Thema einführen
- Gesprächsauszüge, Atmosphäre vermitteln

Hauptteil
- Abläufe darstellen
- wichtige Fakten, Ereignisse nennen und mit Hintergrundwissen untermauern
- Zusammenhänge aufzeigen

Schluss
- Bogen zum Anfang schlagen, Reportage abrunden
- überraschende Wendung oder Pointe einbringen
- abschließendes Zitat hinzufügen

Sprache
⤑ Präsens
⤑ wörtliche Rede
⤑ treffende Adjektive, ausdrucksstarke Verben, plastische Ausdrücke und Vergleiche
⤑ anschaulich, lebendig, spannend

Literatur-Kartei „Der Vorleser"

2. Buch, Kapitel 3, 5 bis 9

Hanna: KZ-Aufseherin

- Welche Verbrechen werden Hanna vorgeworfen?
- Wie ist Hanna in die Lagerhierarchie einzuordnen? Welche Aufgaben und welche Macht hatte sie?
- Wie hat sie sich als Aufseherin verhalten? (S. 106, 111–113, 115)

Selektion im KZ Auschwitz. Aquarell von W. Siwek, nach 1945

„Haben Sie nicht gewusst, dass Sie die Gefangenen in den Tod schicken?"
„Doch, aber die neuen kamen, und die alten mussten Platz machen für die neuen. (...) Was hätten Sie denn gemacht?" (S. 106/107)

- Welche innere Einstellung zeigt Hanna bei ihrer schrecklichen Tätigkeit. Kann man bei ihr von Befehlsnotstand sprechen?
- Erläutern Sie, inwiefern Sie den Richter mit ihrer Frage in Verlegenheit bringt. Beachten Sie auch dessen Antwort.
- Was hat es mit Hannas Schützlingen auf sich? (S. 112/113, 153)
- Wie muss sich Michael fühlen, als er davon erfährt? Schlüpfen Sie in Michaels Rolle und schreiben Sie einen Brief an Hanna.

Literatur-Kartei „Der Vorleser"

KZ-Aufseherinnen

Die Tatsache, dass junge Mädchen und Frauen als KZ-Aufseherinnen bei der Misshandlung und Ermordung von Menschen aktiv waren, ruft immer wieder Bestürzung hervor. Dass auch Frauen sich an den SS-Verbrechen beteiligten und dem männlichen KZ-Personal an Brutalität und Gewaltbereitschaft oft in nichts nachstanden, erscheint unfassbar, erschüttert und stellt die konventionellen Vorstellungen über die „weiblichen Tugenden" in Frage.

Gleichzeitig ruft unsere zeitliche Distanz zu den Ereignissen eine persönliche Distanz zu den Motiven hervor. Aus der Sicht moderner und aufgeklärter Menschen mit dem geschichtlichen Erfahrungs- und Wissensvorsprung von heute erscheint es nicht nachvollziehbar, wie sich gerade Frauen – zum Teil Ehefrauen und Mütter – soweit in die NS-Maschinerie verstricken konnten, dass sie selbst zu Mörderinnen wurden. „Das kann uns heute nicht passieren", ist die Schlussfolgerung, die wir aus dieser Fassungslosigkeit heraus ziehen.

Das Bild einer KZ-Aufseherin ist dementsprechend oft das einer sadistischen und brutalen Frau, deren Neigungen auch schon vor der Aufseherinnen-Tätigkeit im Verborgenen schlummerten und die, in Aussicht darauf, die Neigungen legitimieren und ausleben zu können, sich als KZ-Aufseherin bewirbt. In Einzelfällen trifft dieses Bild sicherlich zu. Gegen eine Pauschalisierung spricht aber die Tatsache, dass nicht alle KZ-Aufseherinnen auf eigene Initiative handelten und dass die meisten von ihnen dann dennoch, wenn sie denn einmal verpflichtet waren, unabhängig von den persönlichen Motiven, ihrer „Arbeit" mit Gehorsam, Rohheit und Distanz und Verachtung gegenüber den Opfern nachgingen.

Bei den drei Arten der Rekrutierung – der freiwilligen Meldung zur SS, der Anwerbung durch Schutzlagerhaftführer und der Dienstverpflichtung durch die Arbeitsämter – war neben persönlichen Motiven ein Hauptanreiz die Aussicht auf eine gut bezahlte Arbeit, und die damit zusammenhängenden Annehmlichkeiten und Privilegien.

Alle KZ-Aufseherinnen waren Reichsangestellte und wurden dementsprechend auch nach der Tarifordnung für Angestellte besoldet. Ein Beispiel: Eine ledige Aufseherin von 25 Jahren verdiente 1944 monatlich 105,10 RM netto. Dazu kam eine Überstundenpauschale von 35 RM.

Zum Vergleich: Der Nettoverdienst einer ungelernten Textilarbeiterin betrug nur etwa 76 RM brutto. Viele Frauen waren vor ihrer Rekrutierung als (ungelernte) Arbeiterinnen in der Industrie beschäftigt oder auch arbeitslos. Den Maßnahmen der Arbeitsämter, die auf eine Verordnung hin Frauen für „Aufgaben der Reichsverteidigung" meldeten, konnten sich arbeitslose Frauen auf Dauer schlecht widersetzen. Der Zwang, der durch die Behörden auf diese Frauen ausgeübt wurde, war demnach groß.

Die Motive – wirtschaftliche Verbesserung und Behördenzwang – dürfen jedoch nicht als Entschuldigungen dafür herhalten, dass Frauen sich an SS-Verbrechen mitschuldig machten. Sie machen aber deutlich, dass KZ-Aufseherinnen nicht per se Monstren waren, denen die Rekrutierung gerade recht kam, um persönliche Neigungen auszuleben.

Die meisten waren „brave" Hausfrauen, Ledige, Mütter oder Ehefrauen, die angelernt wurden und in die Aufseherinnen-Tätigkeit hineinwuchsen.

War eine Frau einmal verpflichtet, war es für sie relativ schwer, freiwillig wieder aus dem Dienst entlassen zu werden. Die wenigsten brachten so viel Mut und Widerstand auf, um vor dem Schutzlagerhaftführer oder Kommandanten ihre Entlassung durchzusetzen.

„Die Furcht, vor einem Offizier erscheinen zu müssen, hielt sie zurück".

Nach Aussagen von Überlebenden der Konzentrationslager waren alle Frauen nach einer gewissen Zeit der Aufseherinnen-Tätigkeit dann soweit „abgestumpft", dass sie ihrer Arbeit mit Gleichgültigkeit und distanzierter Kälte, in der Regel aber mit Brutalität und Grausamkeit nachgingen. Nur die wenigsten verhielten sich den Häftlingen gegenüber menschlich, auch wenn die Möglichkeit dazu bestand. Denn Gewalt gehörte zwar zum Alltag der Konzentrationslager, *„.... aber, und das muss betont werden, die Aufseherinnen konnten sich gewalttätig und brutal gegenüber den Häftlingen verhalten, aber sie mussten nicht, sie konnten sich auch anders entscheiden."*. Einmal in der Maschinerie drin, passten sich jedoch die meisten soweit dem System an, dass sie nach Vorstellungen ihrer Vorgesetzten funktionierten.

*) Gudrun Schwarz: Wärterinnen in den nationalsozialistischen Konzentrationslagern, in: Frauen im Holocaust, Barbara Distel (Hrsg.), Bleicher Verlag, 2001, S. 347

Literatur-Kartei „Der Vorleser"

Täter und Opfer

Kein schöner Land ...

Hilde Lächert, genannt die blutige Brygida, quälte im KZ Majdanek ihre Opfer auf unvorstellbar grausame Weise und prügelte sie mit ihrer mit Metallkugeln bestückten Peitsche zu Tode. An ihren spitzen Stiefeln hatte sie sich Eisenkappen anbringen lassen. Zeugen und Zeuginnen berichteten:

> Einmal peitschte und trat sie einen, der im Garten arbeitete, bis sie ihn zerrissen hatte, bis er nur noch ein Fetzen von einem Menschen war, ein Klumpen Fleisch. Dann befahl sie: „Schafft den Dreck da weg." Brygida: „Wir haben viel Spaß gehabt, wir haben viel gelacht. Wir hatten wirklich ein herzliches Verhältnis, aber wenn eine aufsässig wurde, dann hat sie was auf den Hintern gekriegt."
> Zeugen ergänzen: „Sie war eine schöne Frau und eine Bestie ... Kleine Kinder wurden wie Mehlsäcke auf Lastwagen geworfen. Die Mütter sahen es, schrien, warfen sich zu Boden. Sie wurden von den Aufseherinnen geschlagen, getreten. Einigen gelang es, sich an ihre Kinder zu klammern, bis sie auseinander gepeitscht wurden. (...)
>
> Wladka, eine hochschwangere Polin, war Stubenmädchen in einer SS-Aufseherbaracke. Brygida war die Geliebte des SS-Mannes, der Wladka durch Vergewaltigung geschwängert hatte. Darum hetzte sie ihren Schäferhund auf Wladka. Der, von der Brygida pausenlos angetrieben, riss ihr Fleischstücke aus dem Körper und zerrte aus der offenen Bauchhöhle Därme und das Kind heraus. Als Wladka und ihr Kind tot waren, hetzte sie den Hund auch auf mich. Ich hielt die Arme vor mein Gesicht." Die Zeugin streift die Ärmel hoch und zeigt die vernarbten Bisswunden. Wie wurde aus der unterbezahlten Arbeiterin Hildegard, selbst Mutter zweier unehelicher Kinder eine der gefürchtetsten Sadistinnen unserer Zeit? Auch sie unpolitisch, nach eigener Angabe tief gläubig. Das Unglaubliche: Sie suchte nur nach neuer Arbeit, um mehr Zeit für ihre Kinder zu haben, als sie von ihrem Schwager zum Arbeiten ins KZ vermittelt wurde.

(Aus: Parnass, Peggy: Kein schöner Land, Deutschsprachige Autoren zur Lage der Nation, Reinbek 1979)

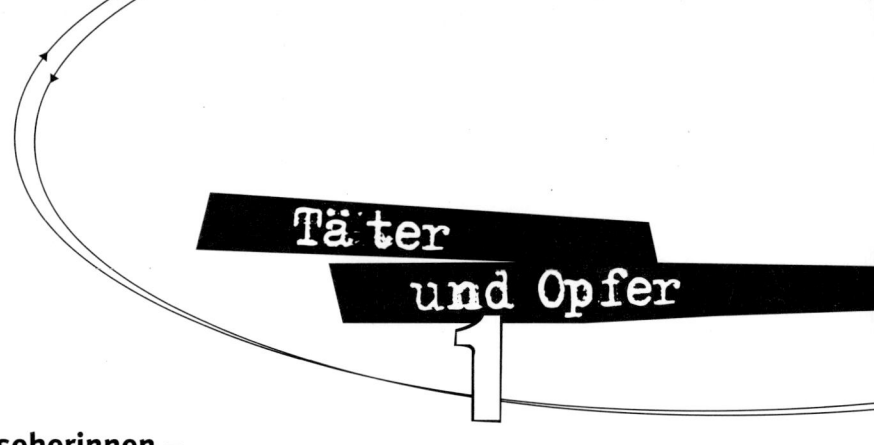

Aufseherinnen – Ruth Klüger

In ihrer autobiographischen Schrift „Weiter leben. Eine Jugend" erzählt Ruth Klüger von ihrem Leben im KZ Groß-Rosen:

> Über die Grausamkeit der Aufseherinnen wird viel geredet und wenig geforscht. Nicht dass man sie in Schutz nehmen soll, aber sie werden überschätzt. Sie kamen aus kleinen Verhältnissen, und man steckte sie in Uniformen, denn irgendwas mussten sie ja tragen und natürlich nicht Zivil für diesen Dienst in Arbeitslager und KZ. Ich glaube, auf Grund dessen, was ich gelesen, gehört und selbst erfahren habe, dass sie im Durchschnitt weniger brutal waren als die Männer, und wenn man sie heute in gleichem Maße wie die Männer verurteilt, so dient ein solches Urteil als Alibi für die eigentlichen Verantwortlichen. Solche Überlegungen stoßen allerdings auf hartnäckigen, manchmal sogar auf empörten Widerspruch.
> Kann es sein, dass sich die berühmten Beispiele weiblicher Grausamkeit in den Lagern auf immer dieselbe relativ kleine Gruppe von Aufseherinnen beziehen? Der Tatbestand ist unklar, man müsste Statistiken und Berichte vergleichen. In Ermangelung von exaktem Material stelle ich die These auf, dass es in den Frauenlagern im Durchschnitt weniger brutal zuging als in den Männerlagern. Die Aufseherinnen in Christianstadt waren mäßig und übten ihre Macht vor allem dadurch aus, dass sie einerseits ihre schlechte Laune nicht zügelten und sich andererseits Protektionskinder unter den Häftlingen wählten. Mit fortschreitendem Jahr stellte sich Missmut bei den Aufseherinnen ein, auch Willkür, aber wir erlebten selten Misshandlungen von Seiten dieser Frauen. Manchmal wurden einer Gefangenen zur Strafe die Haare geschoren. Und es gab natürlich auch Fälle, wo Häftlinge verschwanden, weggeschickt wurden, nicht wieder auftauchten. Doch gewalttätig waren sie nicht. Wir kamen ihnen wohl wie Tiere vor, aber solche, die man brauchen kann.

(Aus: Ruth Klüger: Weiter leben. Eine Jugend, Göttingen, Wallstein Verlag, 1992, S. 145 f.)

Die Schriftstellerin und Publizistin Margarete Buber-Neumann, die selbst im Frauen-Konzentrationslager Ravensbrück inhaftiert war, beschreibt in ihrem Buch „Als Gefangene bei Stalin und Hitler" die Situation der Aufseherinnen folgendermaßen:

> ... bis auf ganz vereinzelte, die neben persönlichem Mut auch über moralischen Widerstand verfügten und es bei der Lagerleitung durchsetzten, noch vor der nach drei Monaten stattfindenden „Dienstverpflichtung" wieder entlassen zu werden, konnte man das traurige Schauspiel erleben, wie diese Fabrikarbeiterinnen schon nach vierzehn Tagen kommandierten, als seien sie auf dem Kasernenhof aufgewachsen und bald mit Meldungen drohten und mit Fäusten schlugen, genauso wie die Alten.

(Aus: Margarete Buber-Neumann: Als Gefangene bei Stalin und Hitler, Berlin, Ullstein, Neuauflage 2002)

Literatur-Kartei „Der Vorleser"

Täter und Opfer 2

Fania Fénelon: *Von der Lagerkommandantin ausgewählt*

Im Lager Auschwitz-Birkenau, wo mehrere Millionen Menschen vergast und verbrannt worden sind, gab es ein Gefangenenorchester, das aus jungen Frauen bestand. Es war einer Laune des Lagerkommandanten entsprungen und sollte ebenso zur Manipulation der Häftlinge dienen wie zur Erbauung der Mörder. Dirigentin war Alma Rosé, Nichte des Komponisten Gustav Mahler, Jüdin aus Wien. Sie verlangte von den Mitgliedern des Ensembles äußerste Disziplin und Gehorsam. Der Kampf ums Überleben war für sie der Kampf um die musikalische „Leistung": Marschmusik für die ausgemergelten „Arbeitskommandos", Klassik für den Kommandanten, die Aufseherinnen von der SS und den KZ-Arzt Dr. Mengele. Die Sängerin Fania Fénelon wurde im Januar 1944 Mitglied des Mädchenorchesters.

> […] Eine Läuferin, Nase und Augen rotgefroren, stürmt herein und schreit schon von der Tür her: „Achtung! Die Mandel kommt!"
>
> Die Mädchen werden reglos, sie erstarren richtig in ihrer „Habt-Acht-Stellung", was mich jedoch weniger beeindruckt als der Auftritt der Lagerführerin Mandel. Sie ist noch nicht dreißig, sehr schön, groß, schlank … makellos in ihrer Uniform. Und ich, ich stehe da, vor ihr: meine Arme schlappen in diesem extravaganten Kleid, einer geblümten Gartenfestrobe, die nirgends sitzt, barfuss, kahlgeschoren, das Gesicht verschmiert, obwohl Eva es schnell abgewischt hatte, mit Clara neben mir, die genauso erbärmlich aussieht. Irène murmelt zwischen den Zähnen: „Mach stillgestanden!" Noch nie machte ich das, ich kann es gar nicht. Ich versuche aber doch meine Haltung zu versteifen. Merkt das die Lagerführerin? Sie befiehlt: „Rührt euch!" Um mich herum scharren Füße auf dem Boden, und die Körper werden wieder schlaffer. Die Mädchen entspannen sich, bleiben aber stehen und warten ab, was geschehen wird.
>
> Alma, die respektvoll drei Schritte hinter Maria Mandel steht, stellt uns vor: „Das sind die zwei Sängerinnen. Die Kleine spielt auch sehr gut Klavier." Mandel, die ihre Hände elegant auf die Hüften stützt, weiße Hände, schmal und zart, die auf dem Grau der Uniform besonders wirken, schaut uns durchdringend an. Ihre Augen, so hartblau wie Fayencemalerei, bleiben auf mich gerichtet, durchbohren mich. Zum ersten Mal schaut mich ein Repräsentant der germanischen Rasse an, scheint von meiner Gegenwart Notiz zu nehmen. Sie nimmt ihre Schirmmütze ab; ihre Haare sind wundervoll blond, in dicken Zöpfen um ihren Kopf gesteckt – ich sehe die meinen wieder in der Hand der Polin. Das Bild dieser Frau setzt sich in meiner Netzhaut fest, es wird unauslöschbar bleiben. Mir entgeht nichts von der Führerin: Ihr Gesicht ist leuchtend, ohne einen Hauch von Schminke (das ist der SS verboten), ihre sehr weißen Zähne sind groß und schön.
>
> Sie ist vollkommen. Zu vollkommen. Ein strahlendes Muster der Herrenrasse. Eine Gebärmutter der Auswahl, was tut sie also hier, anstatt Kinder zu gebären?
>
> Sie dreht den Kopf leicht zu Alma hin: „Welche singt ‚Madame Butterfly'?" „Die Kleine, Frau Lagerführerin." In ruhigem, gelassenem Ton bestimmt sie: „Sagen Sie ihnen, jede soll einzeln singen."
>
> Ich setze mich ans Klavier und begleite Clara, deren Stimme wirklich wie die einer Nachtigall ist. Ein Entzücken! Dann singe ich „Sur la mer calmée", und beobachte dabei genau das Gesicht der Deutschen. Mir ist völlig bewusst, dass ich um mein Leben singe und spiele. Wenn ihr mein Vortrag nicht gefällt, wenn sie in ihm nicht ihre eigene Auffassung der Arie findet, muss ich dorthin zurück, von wo ich komme.
>
> Auf einem Stuhl sitzend, ihre langen Beine in Seidenstrümpfen hübsch übereinandergeschlagen, das Kinn hoch, lächelt die SS-Mandel fast unmerklich. „Sie müssen eingekleidet werden. Kommt mit!" Ich verstehe, wir sind angenommen, und Alma verdeutlicht es uns noch: „Kommt, ihr seid aufgenommen."

(Aus: Fania Fénelon, Das Mädchenorchester von Auschwitz, München, dtv, 1981, S. 34–36)

Vergleichen Sie die Schilderungen von Fania Fénelon, Peggy Parnass und Ruth Klüger. Was sagen sie jeweils über das Verhältnis der Opfer zu den Täterinnen aus? Welches Bild kommt Ihrem Eindruck von Hanna am nächsten?

Beurteilen Sie Hannas Tätigkeit als KZ-Aufseherin vor dem Hintergrund des Textes „KZ-Aufseherinnen" auf S. 54.

Literatur-Kartei „Der Vorleser"

Täter und Opfer 3

Kurt Gerstein – *Widerstandskämpfer* in SS-Uniform

Kurt Gerstein (1905–1945), ist eine der wichtigsten Personen in der Widerstandsgeschichte des Dritten Reiches. Als engagierter Mitarbeiter der evangelischen Schülerbibelkreise und aktives Mitglied der Bekennenden Kirche sprach er sich öffentlich gegen das Nazi-Regime aus. Aufgrund seiner offenen Ablehnung des neuheidnischen „Deutschglaubens" wurde der Parteigenosse Gerstein aus der NSDAP ausgeschlossen und für kurze Zeit inhaftiert. Um genaue Kenntnisse über die Ausrottungsaktionen des Nazi-Regimes zu erlangen, trat Gerstein nach seiner Entlassung selbst in die SS ein und wurde als leitender Entseuchungsoffizier beim SS-„Hygiene"-Amt schließlich dazu abkommandiert, die Gaskammern zu perfektionieren. Bei einer Besichtigungsreise durch die KZs des Generalgouvernements wurde er selbst Zeuge von Massenvergasungen. Er war so erschüttert, dass er sich auf einer Zugreise im Berlin-Warschau-Express einem schwedischen Diplomaten anvertraute, der die Informationen an seine Regierung weitergab. – Leider ohne Folgen. Auch Gersteins Versuch, über den päpstlichen Nuntius in Berlin Informationen an die Öffentlichkeit weiterzuleiten, blieb ohne Wirkung.

Gerstein blieb bis zum Ende des Krieges bei der SS, um der Nachwelt Zeugnis über die Gräueltaten ablegen zu können. 1945 verfasste er nach der Verhaftung durch die französischen Truppen einen ausführlichen Zeugenbericht. In dieser Zeit wurde gegen ihn vor einem französischen Militärgericht bereits ein Prozess vorbereitet.

Am 25. Juli 1945 wurde Kurt Gerstein in seiner Zelle im Pariser Militärgefängnis erhängt aufgefunden.

Der folgende Text ist ein Auszug aus der Erklärung von Gerstein:

> (...) Am anderen Morgen um kurz vor sieben Uhr kündigt man mir an: In zehn Minuten kommt der erste Transport! Tatsächlich kam nach einigen Minuten der erste Zug von Lemberg aus an. 45 Waggons mit 6.700 Menschen, von denen 1.450 schon tot waren bei ihrer Ankunft. Hinter den vergitterten Luken schauten, entsetzlich bleich und ängstlich, Kinder durch, die Augen voll Todesangst, ferner Männer und Frauen. Der Zug fährt ein: 200 Ukrainer reißen die Türen auf und peitschen die Leute mit ihren Lederpeitschen aus den Waggons heraus. Ein großer Lautsprecher gibt die weiteren Anweisungen: Sich ganz ausziehen, auch Prothesen, Brillen usw. Die Wertsachen am Schalter abgeben, ohne Bons oder Quittung. Die Schuhe sorgfältig zusammenbinden (wegen der Spinnstoffsammlung), denn in dem Haufen von reichlich 25 Meter Höhe hätte sonst niemand die zugehörigen Schuhe wieder zusammenfinden können. Dann die Frauen und Mädchen zum Friseur, der mit zwei, drei Scherenschlägen die ganzen Haare abschneidet und sie in Kartoffelsäcken verschwinden lässt. „Das ist für irgendwelche Spezialzwecke für die U-Boote bestimmt, für Dichtungen oder dergleichen!" sagt mir der SS-Unterführer, der dort Dienst tut. –
>
> Dann setzt sich der Zug in Bewegung. Voran ein bildhübsches junges Mädchen, so gehen sie die Allee entlang, alle nackt, Männer, Frauen, Kinder, ohne Prothesen. Ich selbst stehe mit dem Hauptmann Wirth oben auf der Rampe zwischen den Kammern. Mütter mit Säuglingen an der Brust, sie kommen herauf, zögern, treten ein in die Todeskammern! – An der Ecke steht ein starker SS-Mann, der mit pastoraler Stimme zu den Armen sagt: Es passiert euch nicht das Geringste! Ihr müßt nur in den Kammern tief Luft holen, das weitet die Lungen, diese Inhalation ist notwendig wegen der Krankheiten und Seuchen.

Täter und Opfer 4

FORTSETZUNG:

Auf die Frage, was mit ihnen geschehen würde, antwortet er: Ja, natürlich, die Männer müssen arbeiten, Häuser und Chausseen bauen, aber die Frauen brauchten nicht zu arbeiten. Nur wenn sie wollen, könnten sie im Haushalt oder in der Küche mithelfen. –

Für einige von diesen Armen ein kleiner Hoffnungsschimmer, der ausreicht, daß sie ohne Widerstand die paar Schritte zu den Kammern gehen – die Mehrzahl weiß Bescheid, der Geruch kündet ihnen ihr Los!

(...)

Viele Menschen beten. Ich bete mit ihnen, ich drücke mich in eine Ecke und schreie laut zu meinem und ihrem Gott. Wie gern wäre ich mit ihnen in die Kammer gegangen, wie gerne wäre ich ihren Tod mitgestorben. Sie hätten dann einen uniformierten SS-Offizier in ihren Kammern gefunden – die Sache wäre als Unglücksfall aufgefaßt und behandelt worden und sang- und klanglos verschollen. Noch also darf ich nicht, ich muß noch zuvor kündigen, was ich hier erlebe! –

Die Kammern füllen sich. Gut vollpacken – so hat es der Hauptmann Wirth befohlen. Die Menschen stehen einander auf den Füßen. 700 bis 800 auf 25 Quadratmetern, in 45 Kubikmetern!

(...) – Jetzt endlich verstehe ich, warum die ganze Einrichtung Heckenholt-Stiftung heißt. Heckenholt ist der Chauffeur des Dieselmotors, ein kleiner Techniker, gleichzeitig der Erbauer der Anlage.

Mit den Dieselauspuffgasen sollen die Menschen zu Tode gebracht werde. Aber der Diesel funktioniert nicht! Der Hauptmann Wirth kommt. Man sieht, es ist ihm peinlich, daß es gerade heute passieren muß, wo ich hier bin. (...)

50 Minuten, 70 Minuten – der Diesel springt nicht an! Die Menschen warten in ihren Gaskammern. Vergeblich. Man hört sie weinen, schluchzen ... Der Hauptmann Wirth schlägt mit der Reitpeitsche dem Ukrainer, der dem Unterscharführer Heckenholt beim Diesel helfen soll, 12-, 13-mal ins Gesicht. Nach 2 Stunden, 49 Minuten – die Stoppuhr hat alles wohl registriert – springt der Diesel an. Bis zu diesem Augenblick leben die Menschen in diesen 4 Gaskammern, viermal 750 Menschen in viermal 45 Kubikmetern! – Von neuem verstreichen 25 Minuten. Richtig, viele sind jetzt schon tot. Man sieht durch das kleine Fensterchen, in dem das elektrische Licht die Kammern einen Augenblick beleuchtet. Nach 28 Minuten leben nur noch wenige. Endlich, nach 32 Minuten ist alles tot! –

Von der anderen Seite öffnen Männer vom Arbeitskommando die Holztüren. Man hat ihnen – selbst Juden – die Freiheit versprochen und einen gewissen Promillesatz von allen gefundenen Werten für ihren schrecklichen Dienst. Wie Basaltsäulen stehen die Toten aufrecht aneinander gepresst in den Kammern. Es wäre auch kein Platz, hinzufallen oder auch nur sich vornüberzubeugen. Selbst im Tode erkennt man noch die Familien. Sie drücken sich, im Tode verkrampft, noch die Hände, so daß man Mühe hat, sie auseinanderzureißen, um die Kammern für die nächste Charge freizumachen. Man wirft die Leichen, – naß vom Schweiß und Urin, kotbeschmutzt, Menstruationsblut an den Beinen, heraus. Kinderleichen fliegen durch die Luft.

Man hat keine Zeit, die Reitpeitschen der Ukrainer sausen auf die Arbeitskommandos. Zwei Dutzend Zahnärzte öffnen mit Haken den Mund. Gold links, ohne Gold rechts. Andere Zahnärzte brechen mit Zangen und Hämmern die Goldzähne und Kronen aus den Kiefern. (...)

(AUS: VIERTELJAHRESHEFTE FÜR ZEITGESCHICHTE, 1. JG. 1953, HEFT 2, S. 189 FF.)

ANMERKUNG: TEXT IN ALTER RECHTSCHREIBUNG

Literatur-Kartei „Der Vorleser"

→ 2. Buch: Kapitel 5, 8, 9

Die Ereignisse in der Bombennacht

Nachdem das Verbrennen von Beweisen und Leichen nicht schnell genug gelungen war, trieb das Wachpersonal die KZ-Häftlinge des Außenlagers auf einem Todesmarsch nach Westen, um ihre Taten vor den heranrückenden russischen Truppen zu verschleiern. Kein Häftling sollte lebend in die Hände des Feindes geraten.

KZ Bergen-Belsen, unmittelbar nach der Befreiung 1945

(QUELLE: HART UND ZART. FRAUENLEBEN 1920–1970, BERLIN, ESPRESSO, 1990)

- Rekonstruieren Sie die Ereignisse in der Bombennacht.
- Lesen Sie den folgenden Text und vergleichen Sie die Haltung des Angeklagten mit der von Hanna. Zeigen Sie Gemeinsamkeiten und Unterschiede auf.
- Diskutieren Sie, welchen Handlungsspielraum es für Hanna gab.

Ankläger:
„Ist es wahr, dass bei einem sechstägigen Bahntransport von Nordhausen nach Belsen von den fünftausend fast verdurstenden KZ-Häftlingen zweiundvierzig Menschen tatsächlich am Durst gestorben sind?"

Angeklagter:
„Wir hatten eine Portion Tote, aber mich ging es nichts an. Ich war nicht der Dienstälteste."

Ankläger:
„Es ist überhaupt nicht zu verstehen, dass sie die Gefangenen verdursten ließen. Zwischen Nordhausen und Belsen gibt es viele Bäche und Flüsse. Sie konnten doch den Zug halten und Wasser holen lassen."

Angeklagter:
„Ich meine, das geht ja nicht, dass jeder über einen solchen Zug bestimmen kann, wie er will. Es ist doch so, dass der Zugführer seinen bestimmten Plan hatte, nach dem er fahren musste (...). Die Gefangenen hatten es auf dem Transport ganz gemütlich. Je hundert Stück Häftlinge saßen auf einem Waggon."

Ankläger:
„Warum haben Sie auf den Bahnhöfen kein Wasser für die Gefangenen geholt?"

Angeklagter:
„Diese Bahnhöfe, dieses Wasser ... es gibt da Bestimmung, das ist nur für die Lokomotiven da. Auch hatte ich ja gar nicht das Kommando."

(ZIT. NACH GEISEL (HRSG.), VIELLEICHT WAR DAS ALLES ERST DER ANFANG. TAGEBUCH AUS DEM KZ BERGEN-BELSEN 1944–1945)

Literatur-Kartei „Der Vorleser"

Nach der Befreiung

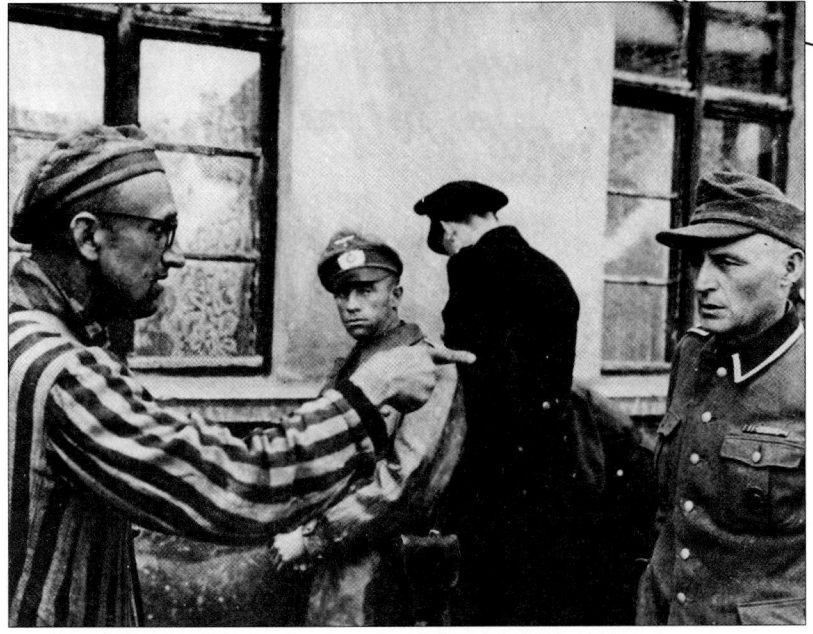

Ein ehemaliger Häftling bezichtigt einen einstigen Bewacher in einem von Amerikanern befreiten Lager der Misshandlung von Gefangenen. (Mai 1945)
(Quelle: Ullstein Bilderdienst)

Die Informationen, die die Bildunterschrift liefert, scheinen auf den ersten Blick im Widerspruch zu der dargestellten Situation zu stehen: Der von dem Häftling beschuldigte Mann – vermutlich ein einstiger KZ-Wachtmann – trägt, wie auch der Offizier im Hintergrund, eine Uniform der Wehrmacht, des Heeres. Wehrmachtsangehörige waren jedoch nicht als KZ-Bewacher eingesetzt. Diese Aufgabe oblag nur der SS (schwarze Uniformen).

Wie ist dieser Widerspruch vermutlich zu verstehen? Überlegen Sie, weshalb die ehemaligen Bewacher in falschen Uniformen stecken könnten.

Wird im Roman (2. Buch) vergleichbares Verhalten geschildert?

Was sagt das über das Schuldbewusstsein dieser Männer aus?

Hintergrund-Info:

Mit dem Vorrücken der Aliierten und dem Zusammenbruch des NS-Regimes fiel für die KZ-Bewacher und alle anderen Befehlsempfänger mit einem Mal der Rückhalt, den das System mit seinen hierarchischen Strukturen bot, weg. Von dem Zeitpunkt an, als die NS-Maschinerie zusammenfiel, waren die vorher als Räder im Getriebe gut funktionierenden Befehlsempfänger und -ausführer für ihr Tun und ihr weiteres Schicksal selbst verantwortlich.

Bis in die heutige Zeit wird denn auch das Argument des Befehlsnotstands als Grund für unterlassene moralische Entscheidungen und als Beruhigung für das quälende Gewissen strapaziert. Millionenfach wurden Schlussstriche unter die lästige Vergangenheit gezogen, millionenfach berufen sich NS-Verbrecher darauf, nur Befehle ausgeführt zu haben:

Kurt Schrimm, NS-Ermittler, Zentrale Stelle der Landesjustizverwaltungen Ludwigsburg:
„Es ist richtig, dass sehr viele vor Gericht Gestellte so argumentiert haben, sich darauf berufen haben, ihnen wäre selber Schaden an Leib oder Leben widerfahren, wenn sie den Befehl nicht befolgt hätten. Die Zentrale Stelle ist vor einigen Jahren in jedem Einzelfall diesen Behauptungen nachgegangen. Sie konnte keinen einzigen Fall ermitteln, in dem jemand zum Tode verurteilt wurde, weil er einen entsprechenden Befehl nicht verfolgte."

(AUS: HOLOCAUST – DIE AHNUNGSLOSEN DEUTSCHEN. TÄTER UND OPFER IM NACHKRIEGSDEUTSCHLAND. EIN FILM VON ARIANE REIMERS, DIETMAR SCHIFFERMÜLLER, VOLKER STEINHOFF, NDR)

Literatur-Kartei „Der Vorleser"

Hannas Verhalten vor Gericht

Die Fotos zeigen Deutsche vor einer Spruchkammer der Alliierten.

Beschreiben Sie, was die Gestik und Mimik der Personen ausdrücken, bezogen auf die Frage nach Mitschuld und Verantwortung.

„Für Hanna hätte die Verhandlung nicht schlechter laufen können. Schon bei ihrer Vernehmung zur Person hatte sie auf das Gericht keinen guten Eindruck gemacht."
(⸺⟶ S. 104)

Untersuchen Sie Hannas Verhalten vor Gericht. Notieren Sie Ihre Beobachtungen in Form einer Tabelle.

Äußere Erscheinung	Haltung	Gestik	Mimik

Wie wirkt Hannas Körpersprache auf die anderen Menschen im Gerichtssaal?
Bei welchen Gelegenheiten hat sie besonders viel „Kredit verspielt"?
Wie hätte sie sich da für ihre Position günstiger verhalten können?

Literatur-Kartei „Der Vorleser"

Körpersprache, ein Spiegel der Seele?

Bei der zwischenmenschlichen Kommunikation drückt sich jeder stets auf zwei Kommunikationsebenen aus, auf der verbalen durch Worte und auf der nonverbalen durch Kleidung und Körpersprache (Gestik und Mimik).

Dass Kleidung sowohl als Statussymbol als auch als Rollensignal eingesetzt wird, ist offensichtlich. Die Art, wie sich jemand kleidet und was er zu welchem Anlass trägt, identifiziert ihn mit einer bestimmten Gruppe oder Gesinnung oder betont seine soziale Rolle („Kleider machen Leute").

Im Mittelalter legten strenge Kleiderordnungen Rollencharakter und Status fest, erhalten hat sich das bis heute bei bestimmten Berufsgruppen (Uniformen von Soldaten und Polizisten).

Weniger offensichtlich ist das mit der Körpersprache. Niemand kann sich diesem Kommunikationsmittel entziehen oder es unterdrücken. Die Körpersprache gibt wichtige Informationen über die inneren Bewegungen, Gefühle, Emotionen, Wünsche, über die soziale Stellung und die Einstellung eines Menschen.

Jeder Mensch wirkt durch seine Haltung und sein Verhalten auf die Menschen seiner Umgebung wie ein Reiz oder ein Reflex. Die anderen reagieren darauf, meist unbewusst, mit Rückkopplung, dem sogenannten Feedback.

Oft sagt ein Blick, eine Wendung des Kopfes, eine ergreifende Geste, eine abwehrende Gebärde mehr als tausend Worte. Denn unsere Körpersprache ist deutlicher, ehrlicher als die der Worte. Der Körper ist primär, nicht das Wort.

Trotzdem werden die Signale des Körpers leicht missverstanden, was augenblicklich zu Konflikten führt. Die Ursache liegt darin, dass die Körpersprache unterschiedlicher generativer, sozialer und ethnischer Gruppen verschiedenen Codes folgt.

So wirken Gesten, die Jugendliche untereinander als Ausdruck einer coolen und lockeren Haltung verstehen, auf Eltern und Lehrer verachtend, arrogant oder aggressiv.

In der Körpersprache spiegeln sich soziale Rollen wie bei Untergebenem und Vorgesetzten, zeigt sich sozialer Status und Rangordnung. Auch die Selbsteinschätzung eines Menschen innerhalb einer Gruppe lässt sich daraus erschließen.

Einerseits kann man sich die passende Körpersprache einer anderen Rolle aneignen, für Schauspieler ist das selbstverständlicher Teil ihres Handwerks. Auch Verkäufer, Politiker und Manager lernen auf Schulungen und Seminaren den gezielten Einsatz der Körpersprache, um damit beispielsweise ihre Gesprächspartner ganz subtil zu beeinflussen, zu lenken, zu manipulieren. Andererseits verraten sich die so Geschulten meist selbst durch Widersprüche in ihrem Verhalten.

Sich Körpersprache und ihre Wirkungen bewusst zu machen, hilft bestimmte Kommunikationssituationen zu durchschauen und ist auch ein Weg, sich und andere besser zu verstehen.

Besorgen Sie sich in der Bibliothek
Literatur über Körpersprache und Körpersignale.
Eventuell bietet auch Ihre Filmbildstelle
Anschauungsmaterial.
Finden Sie heraus, welche Körpersignale ein selbstbewusster Mensch, ein ängstlicher, ein unsicherer und ein verstockter/schuldbewußter Mensch sendet.
Spielen Sie diese Menschen in typischen Situationen.
Nehmen Sie das Spiel mit einer Videokamera auf
und werten Sie die Spielszenen aus.

Beobachten Sie (unbemerkt) Menschen bei
der Begrüßung, im Gespräch, beim Kleiderkauf,
in einem Cafe/Restaurant, beim Flirt …
Analysieren Sie deren Körpersprache.

Trainieren Sie wichtige Alltagssituationen,
in denen Ihnen ein geschicktes Auftreten nützlich
sein könnte, z.B. bei einer Reklamation,
bei einem Vorstellungsgespräch etc.

Eine Arbeitsgruppe sucht in Illustrierten Fotos
von Personen, die besondere Körpersignale aussenden.
Diese Fotos werden nummeriert und zu einer
Fotogalerie (auf Plakaten) zusammengestellt.
Zu den Fotos werden auf Karteikärtchen (a, b, c, …)
kurze Analysen der Körpersprache geschrieben.
Jeder Mitspieler zieht eine Karte
und sucht seine Person. Die Wahl muss
begründet werden. Zur Überprüfung
muss die Person im Standbild
nachgestellt werden.

Literatur-Kartei „Der Vorleser"

Körpersprache, ein Spiegel der Seele?

2

Analysieren Sie die Körpersprache der beiden Personen auf dem Sofa.

Entschlüsseln Sie die Botschaft, die Ihnen die junge Frau mit ihrer Gebärde „Hände in den Taschen" jeweils vermittelt.

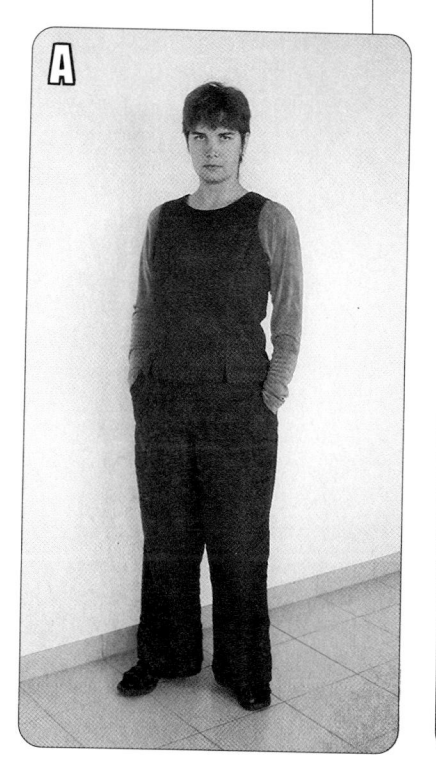

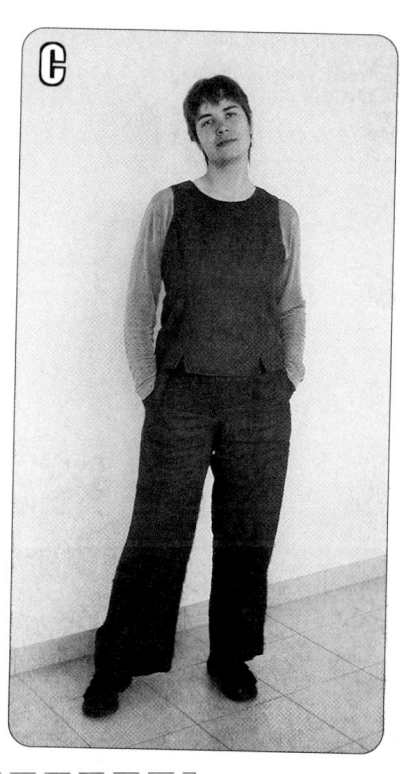

A: Die Gebärde hat hier bei direktem Blickkontakt und gleichgewichtigem Stand die Wirkung, die Schultern zu verbreitern, wodurch die Person stärker und zuversichtlicher wirkt.

B: Instabile Körperhaltung bei indirektem Blick weisen auf mangelndes Selbstvertrauen hin. die Gebärde bedeutet nun Rückzug, sie versteckt ihre Hände, um ihre Unsicherheit nicht zu zeigen.

C: Seitlich abgewinkelter Körper wirkt durch direkten Blick, leichtes Heben des Kopfes und ruhigen Ausdruck selbstsicher, leicht provozierend. Die von den Händen ausgehenden Signale werden verborgen, um dem Beobachter die wirklichen Gedanken nicht preisgeben zu müssen.

Literatur-Kartei „Der Vorleser"

→ 2. Buch: Kapitel 4, 8

Betäubung und Distanz

Michaels erste Reaktion beim Prozess war ein starkes Gefühl der Betäubung, das eine Distanz zu ihm selbst zur Folge hat.

„Ich stand (...) neben mir und sah mir zu, (...) war aber innerlich nicht beteiligt."
(→ S.97)

- Weshalb ist diese „Betäubung" eine notwendige Reaktion?
- Michael stellt während des Prozesses fest, dass es eine „Gemeinsamkeit der Betäubten", Opfer wie Täter, gibt. Wie ist das zu verstehen?
- Denken Sie über den Begriff „Distanz" nach. Gehen Sie dabei auf die Ambivalenz von „Distanz", auf ihre positive und negative Seite ein. Finden Sie zur Erläuterung Ihrer Überlegungen Beispiele aus dem Roman.

Die beiden Seiten der

Distanz

zu:

positiv — **Menschen** — *negativ*

— **Ereignissen** —

— **Dingen** —

Literatur-Kartei „Der Vorleser"

Verstehen und/oder verurteilen

Bernhard Schlink betont mit der Gestaltung seiner Hauptperson die existentielle Ratlosigkeit, in der sich diejenigen sehen, die sich auf eine angemessene differenzierte Weise mit der NS-Vergangenheit auseinandersetzen.

Wollte Michael Hanna zu Beginn des Prozesses nur verurteilt und weggeschlossen sehen, hat sich im Laufe des Prozesses seine Haltung verändert:

„Ich wollte Hannas Verbrechen zugleich verstehen und verurteilen."
(---> S. 151)

Erläutern Sie, inwiefern Michael dabei in einem Dilemma steckt. Gehen Sie dabei auf die Bedeutung des Begriffes „verstehen" ein.
- Was bedeutet es, jemanden zu verstehen?

> „Wenn es nicht die menschliche Sicht auf die Täter gäbe, hätten wir kein Problem mit ihnen. Erst die menschliche Nähe zu ihnen macht das, was sie getan haben, so furchtbar. Wir hätten doch mit den Tätern schon lange abgeschlossen, wenn es wirklich alles Monster wären, ganz fremd, ganz anders, mit denen wir nichts gemein haben."

Bernhard Schlink in einem Interview
(DER SPIEGEL 4, 2000, S. 183)

Was meint der Autor?
Überlegen Sie, warum Michael Hannas Verbrechen verstehen *und* verurteilen will.

Literatur-Kartei „Der Vorleser"

2. Buch: Kapitel 10

Hannas Geheimnis: Analphabetismus

Auf einem seiner Sonntagsspaziergänge fällt es Michael wie Schuppen von den Augen und er erkennt die Lebenslüge, die Hannas ganzes Leben bestimmte:

> „Hanna konnte nicht lesen und schreiben."
> (S. 126)

Michael überlegt, weshalb Hanna diesen Umstand auch jetzt noch, vor Gericht, verschweigt. Er erkennt, dass Hanna „akzeptierte, dass sie zur Rechenschaft gezogen wurde" und nicht „überdies bloßgestellt werden" will. (S. 128)

- Welche „Ungerechtigkeit" wird Hannas Haltung zur Folge haben?
- Überlegen Sie, ob Hanna bereits hier beginnt, ihre Schuld aufzuarbeiten.

Diese Erkenntnis, dass Hanna eine Analphabetin ist, hat für Michael tiefgreifende Auswirkungen:

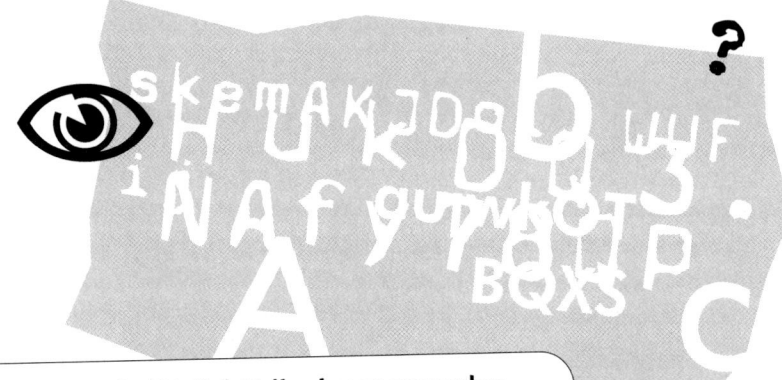

> „Ich war Zuschauer gewesen und plötzlich Teilnehmer geworden, Mitspieler und Mitentscheider."
> (S. 131)

- Erläutern Sie dieses Zitat.
- Weshalb bedeutet das Wissen um Hannas Analphabetismus für Michael eine große Verantwortung?
- Schreiben Sie Michael einen Brief, in dem Sie ihm klarmachen, wie er nun handeln sollte.

Literatur-Kartei „Der Vorleser"

Analphabetismus ist Unmündigkeit

Unter Analphabetismus wird die fehlende Fähigkeit verstanden, in einer selbst gewählten Sprache einen einfachen Text zu lesen oder zu schreiben. (UNESCO)
Unterschieden wird zwischen dem primären (totalen) und dem sekundären (funktionalen) Analphabetismus.

Primärer Analphabetismus

ist die Folge sozialer und ökonomischer Unterentwicklung. Über 90% der weltweit 885 Millionen der lese- und schreibunkundigen Menschen leben in Entwicklungsländern, wo eine schulische Infrastruktur fehlt.

In den Industrieländern spricht man vom **sekundären** oder **funktionalen Analphabetismus**. Sekundäre Analphabeten haben in der Schule meist vage Lesekenntnisse erworben, sie später aber wieder verlernt. Nach einer Schätzung der deutschen UNESCO-Kommission sind davon in Deutschland drei bis vier Millionen Erwachsene betroffen. Nach der neusten OECD-Studie liegt in Deutschland der Bevölkerungsanteil mit minimalen Lese- und Schreibfähigkeiten bei 14% (ca. 8,4 Mio.).

Bei der Entstehung von Analphabetismus treffen meist unterschiedliche Faktoren zusammen:

- *Fehlzeiten in den ersten beiden Schuljahren wegen Krankheit, Schulwechsel etc.*
- *Nichtbeachtung und mangelndes Verständnis durch die Lehrkräfte*
- *Häufige Wechsel der Lehrkräfte und Unterrichtsmethoden*
- *Ungünstige familiäre Bedingungen wie Arbeitslosigkeit, Krankheit der Eltern, zerrüttete Familien*
- *Anregungsarmes Umfeld, in dem nicht gelesen oder geschrieben wird*
- *Unentdeckte oder nicht therapierte gesundheitliche Störungen des Kindes*

Kinder, bei denen mehrere dieser Faktoren zusammentreffen und die bei ihren schulischen Problemen sich selbst überlassen werden, mogeln sich in der Schule meist irgendwie durch. Wenn ihr Handikap unentdeckt bleibt bzw. nicht dagegen angegangen wird, werden sie aus der Schule ins Leben entlassen, obwohl sie kaum lesen oder schreiben können.

Unser ganzes gesellschaftliches Leben beruht auf schriftsprachlicher Kommunikation. Wer nicht lesen und schreiben kann, ist von der Teilnahme am öffentlichen Leben ausgeschlossen. Um nicht aufzufallen und diskriminiert zu werden, entwickeln die Betroffenen mit enormem Einfallsreichtum Tarnungsmechanismen und Vermeidungsstrategien, um ihr Problem zu überspielen. Oder sie ziehen sich ganz in die Isolation zurück.

Heimlich sprechen sie komplizierte Arbeitsanweisungen auf Diktiergeräte, erfinden fragwürdige Ausreden bzw. verlangen ihrem Gedächtnis immer wieder Höchstleistungen ab, aus nackter Angst vor der Entlarvung und öffentlichen Bloßstellung als minderwertige Menschen.

Ihr ganzes Leben lang verbringen sie in Abhängigkeit von ihnen nahestehenden Menschen, die ihnen alltägliche Probleme abnehmen.

Analphabetismus ist Unmündigkeit 2

Sie wollen erfahren, wie ein Analphabet seinen Lebensalltag erlebt? Mit welchen Schwierigkeiten er sich ständig auseinandersetzen muss? Wie er sich dabei fühlt?
... dann lassen Sie sich auf folgendes Spiel ein:
(pro Gruppe 1 „Analphabet", 3–4 „Alphabeten", die nicht wissen, wen sie vor sich haben)

Stellen Sie sich vor, Sie wachen morgen auf und nur für Sie sind sämtliche Buchstaben ersetzt durch japanische Schriftzeichen. Versetzen Sie sich nun in folgende Alltagssituationen und spielen Sie diese. Entwickeln Sie dabei Strategien, die Sie ans Ziel bringen und die Ihr Handicap verbergen. Sprechen Sie anschließend über Ihre Empfindungen während der Spielsituationen.

* Kaufen Sie einen Bahnfahrschein am Automaten und unternehmen Sie die Fahrt in die Nachbarstadt.
* Kaufen Sie im Supermarkt ein.
* Sie haben einen Videorecorder gekauft und wollen ihn nutzen.
* Beantragen Sie ein Telefon.
* Benutzen Sie ein Handy.

Sammeln Sie weitere Beispiele für Lebenssituationen, die Analphabeten alleine nicht bewältigen können.

Tragen Sie mögliche Überlebensstrategien, auftretende Gefühle und ihre Folgen in einer Mind-map© zusammen.

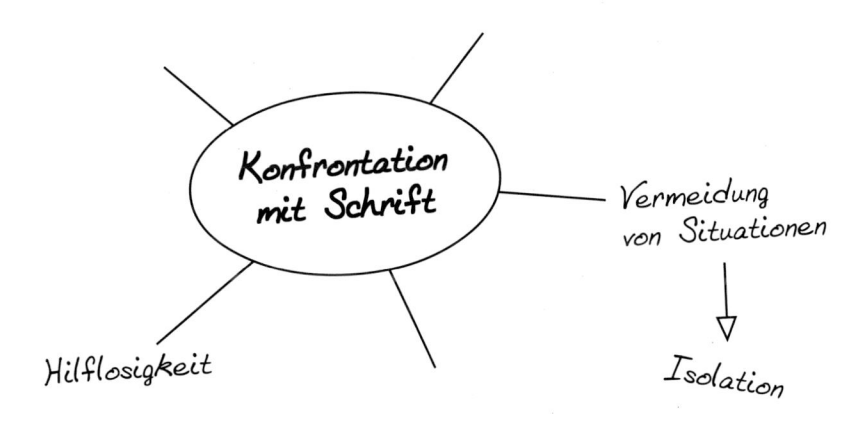

Mind-map:
- Konfrontation mit Schrift
- Vermeidung von Situationen → Isolation
- Hilflosigkeit

Reflektieren Sie über diese These: „Analphabetismus ist Unmündigkeit!"

Welche andere Handicaps können Sie sich vorstellen, die in ähnlicher Weise entmündigend wirken?

Überlegen Sie, ob es für Hanna andere Folgen gehabt hätte, wenn ihr Handicap nicht der Analphabetismus gewesen wäre, sondern eine andere Schwäche?

Literatur-Kartei „Der Vorleser"

Hannas Lebenslüge im Rückblick

Das Wissen um Hannas Geheimnis zwingt zu einer Neubetrachtung und Neubeurteilung der Ereignisse.

Untersuchen Sie in kleinen Gruppen wichtige Aspekte und Begebenheiten in Hannas Leben, die jetzt in einem anderen Licht erscheinen:

* „Am nächsten Tag war sie weg." (→ S. 79)
  Überprüfen Sie Hannas berufliche Tätigkeiten und ihre plötzlichen „Kündigungen".

* Erklären Sie Hannas Reaktion auf Michaels Schulunlust und ihr Verhalten beim Besuch im Hause der Professoren-Familie.

* Erläutern Sie Hannas Verhalten während des Ausflugs aus ihrer Sicht. (Der Autor hat ihre Reaktionen sehr genau beschrieben. S. 54)

* Erläutern Sie Hannas Festhalten an Ordnungen und Ritualen und ihre „peinliche Sauberkeit" (S. 33) als notwendige Überlebensstrategie.

* „Sie tut alles mit demselben harten Gesicht, mit kalten Augen und schmalem Mund." (→ S. 141)
  Erklären Sie Hannas Neigung zu Dominanz und Gewalt.

* „Zuerst musst du mir vorlesen." (→ S. 43)
  Welche Bedeutung hat das Vorlesen für Hanna?

* Überprüfen Sie Hannas Beteiligung an den Verbrechen vor dem Hintergrund der neuen Erkenntnisse.

* Erklären Sie Hannas Kommunikationsprobleme und ihre mangelnde Sozialkompetenz vor Gericht. (S. 105)

Vieles an Hannas merkwürdigem und rätselhaftem Verhalten lässt sich nun nachvollziehen und verstehen.

„Analphabetismus ist Unmündigkeit." (→ S. 178)

stellt Michael fest.

Überprüfen Sie diese These. Diskutieren Sie, ob Hanna, wenn sie als Analphabetin unmündig ist, für ihr Tun überhaupt verantwortlich ist und zur Verantwortung gezogen werden kann.

Literatur-Kartei „Der Vorleser"

Ver-Urteilen: Nach bestem Wissen und Gewissen

Ergänzen Sie Hannas Hintergrund, der ihr Verhalten bestimmt, und die Wirkung, die ihr Verhalten vor Gericht hat.

HINTERGRUND

VERHALTEN				
statt Vorarbeiterin bei Siemens zu werden freiwillig zur SS	naiv-ehrliche Schilderung ihres Verhaltens als KZ-Aufseherin; töricht-hilflose Erklärungen (Hinweise auf Pflicht und Verantwortung); beharrliches Widersprechen	Frage: „Was hätten Sie denn gemacht?" (Ist ernstgemeint, Beginn der Auseinandersetzung mit ihrer Vergangenheit)	Schonfrist für die Schwachen, Zarten als Vorleserinnen	Behauptung, sie habe den Bericht geschrieben

WIRKUNG

Ein Urteil in einem Prozess ist abhängig von den Fakten und Informationen, die offen gelegt werden.

Entwerfen Sie ein Plädoyer des Staatsanwalts aufgrund des bisherigen Prozessverlaufs.

Entwerfen Sie ein Plädoyer der Verteidigung unter Berücksichtigung von Hannas Analphabetentum.

Literatur-Kartei „Der Vorleser"

→ 2. Buch: Kapitel 12

Die rettende Instanz

Arbeiten Sie heraus,
welches Verhältnis Michael zu seinem Vater hat.
(vgl. auch 1. Buch, Kap. 7)

Weshalb sucht Michael das Gespräch
mit seinem Vater?

Was meint der Vater mit seinen Ausführungen
über „Würde und Freiheit"?
Welches Menschenbild steckt dahinter?

Welche angenehme Lösung für sein Problem
mutmaßt Michael daraufhin?

Michaels Vater spricht auch von „Verantwortung".
Was versucht er seinem Sohn klarzumachen?

Wie reagiert Michael
auf seine menschliche Pflicht,
mit Hanna zu reden?
(vgl. auch 2. Buch, Kap. 16, S. 153)

*Literatur-Kartei
„Der Vorleser"*

→ː 2. Buch: Kapitel 14

„Die Banalität des Bösen"*

Weil Michael bewusst wird, wie wenig er sich die Situation in einem KZ vorstellen kann, beschließt er, zum Konzentrationslager Struthof zu fahren. Ein Autofahrer, der ihn mitnimmt, ist mit einem Schuldsymbol gezeichnet: „ein dunkelrotes Mutter- oder Brandmal" (···ː S. 144) und scheint mit den nationalsozialistischen Gräueltaten in Verbindung zu stehen.

> Welche Motive beim Töten nennt dieser Mann?
> Was unterscheidet das Töten in Konzentrationslagern von den üblichen Motiven beim Töten von Menschen?

„Der Henker befolgt keine Befehle. Er tut seine Arbeit ..."
(···ː S. 146)

> Was ist damit gemeint?
> Wodurch wirken die Ausführungen des Fahrers besonders provozierend? Achten Sie auf die Wortwahl.

Der Fahrer berichtet von einem Foto, auf dem ein Offizier die Erschießung von Juden überwacht.

„Er hat aber auch etwas Zufriedenes, sogar Vergnügtes im Gesicht, vielleicht weil immerhin das Tagwerk geschieht ..."
(···ː S. 147)

> Inwiefern zeigt sich in der Darstellung des Fahrers die „Banalität des Bösen"? Lässt sich diese auch bei Hanna feststellen?

---

* **„Die Banalität des Bösen":**
Die Philosophin und Politikwissenschaftlerin Hannah Arendt, aus Deutschland emigriert und an der Universität Chicago tätig, spricht in ihrem Buch über den NS-Verbrecher Adolf Eichmann von der „Banalität des Bösen" (*Eichmann in Jerusalem. Ein Bericht von der Banalität des Bösen*, Piper, 1986). Der Mann, der als Hauptorganisator der sogenannten „Endlösung der Judenfrage" für den Tod von Millionen von Menschen mitverantwortlich war, erschien Ahrendt als kleiner Bürokrat, der allein seine Karriere sah und sich darauf berief, nur Befehle befolgt zu haben. Sein Auftreten stand in krassem Kontrast zu den Gräueln, die er mitverursacht hatte. Der exterminatorische Antisemitismus aus knechtischer Pflichterfüllung war für sie ein Produkt des Totalitarismus, aus dem jeder Rückbezug auf humane Werte entschwunden war. Deshalb sah Hannah Ahrendt auch nicht die Einmaligkeit des Naziverbrechens, sondern die Gefahr seiner Wiederholung.

Literatur-Kartei „Der Vorleser"

Das Konzentrationslager Natzweiler-Struthof

Das Konzentrationslager Natzweiler-Struthof (Elsass) liegt 8 km vom Bahnhof Rothau entfernt, auf einem Gipfel der Vogesen in 800 m Höhe in einem oft nebligen und kalten Klima. Das KZ wurde 1941 für 1.500 Häftlinge gebaut, 1944 waren hier 7.000 Personen inhaftiert.

Von diesem Lager waren 18 Außenlager an Neckar und Mosel mit etwa 15.000 Häftlingen im Arbeitseinsatz abhängig. „Verbrauchte" Häftlinge kamen ins Stammlager zurück, zwecks „Entsorgung". Trotz Gaskammer und Krematorium galt Natzweiler-Struthof nicht als Vernichtungslager im engeren Sinne, sondern diente als Straf- und Arbeitslager.

Eine genaue Anzahl der Opfer in Natzweiler lässt sich nicht bestimmen, da viele der Inhaftierten ermordet wurden ohne eine Spur zu hinterlassen. Bei den Angehörigen sogenannter „minderer Rassen" (Juden, Zigeuner, Russen) machte man sich noch nicht einmal die Mühe, sie zu registrieren.

Sicher ist, dass es mehrere Tausend Tote in Natzweiler gegeben hat, gestorben an Entkräftung, Hunger, aufgrund von Misshandlungen oder bei Exekutionen.

Bis zum Jahre 1944 bestand das Konzentrationslager aus 14 Baracken, die für unterschiedliche Häftlingsgruppen eingerichtet worden waren.

Es gab Baracken für gesunde Häftlinge, für „Schonungsbedürftige" sowie für Kranke, bei denen noch einmal zwischen ansteckenden und nicht ansteckenden Krankheiten unterschieden wurde. Eine der Baracken diente ausschließlich den medizinischen Experimenten.

KZ Struthof – Lagereingang

Das Konzentrationslager Natzweiler-Struthof 2

*KZ Struthof
– der Verbrennungsofen*

Das gefürchtetste Arbeitskommando war der Steinbruch von Natzweiler. Von den Lagerinsassen waren nur etwa 100 Kriminelle (Kennzeichen: grüne Dreiecke) wirklich arbeitsfähig. Sie wurden von der SS häufig als Kapos* eingesetzt. Da das Steinbruchkommando mindestens 200 Mann umfassen musste, wurden viele, die nicht mehr gehen konnten, in Schubkarren zur Arbeit gebracht. 60% der Häftlinge wogen unter 50 Kilo. Der Hunger war so groß, dass die Schwächsten von entmenschten Mitgefangenen einfach deshalb erschlagen wurden, damit sich die Täter in den Besitz der kärglichen Tagesration der Toten bringen konnten.

Häufig wurden NN-Häftlinge (in „Nacht und Nebel"-Aktionen verschleppte Franzosen, Belgier und Niederländer) eingeliefert. Schon bei der Aufnahme in die politische Abteilung erhielten sie Prügel über Prügel und wurden nur im Freien mit den schwersten Arbeiten beschäftigt.

Bei Erdarbeiten an den steilen Berghängen genügte ein kräftiger Stoß durch einen SS-Mann oder einen der Kapos*, und der Häftling stürzte über die Postenkette hinaus und wurde „auf der Flucht" erschossen. Die SS-Wachtposten erhielten für jeden „Abschuss" drei Tage Urlaub und eine Zulage von Lebensmitteln und Tabak.

„Kapo", abgeleitet von dem französischen Wort „caporal" bzw. dem italienischen Wort „capo" = Haupt, Vorstand. Die sogenannten Kapos waren Häftlinge, die die Lagerverwaltung aus Personalmangel zur Überwachung ihrer Mithäftlinge einsetzte. Sie waren mit Aufsichts- und Kontrollaufgaben betraut und damit der verlängerte Arm der SS.
Durch die Kapos konnte die SS ihren Terror bis in die letzten Ecken der Lager übertragen, denn anders als das SS-Personal waren sie stets anwesend und allgegenwärtig.
Diese Positionen wurden vornehmlich von sogenannten „Kriminellen" und „Asozialen" besetzt.

Literatur-Kartei „Der Vorleser"

Im Namen der Medizin – „medizinische" Versuche in KZs

In den Konzentrationslagern wurden die Häftlinge nicht nur als unbegrenzt verfügbare Arbeitskräfte ausgebeutet, sondern auch als Versuchsobjekte bei „kriegwichtigen" Experimenten.

An den KZ-Insassen wurden zahllose medizinische Versuche mit Fleckfieber, Gelbfieber, Typhus, Senfgas, Verbrennungen durch Phosphor, Sterilisationsversuche, Versuche mit Nahrung etc. unternommen, angeblich alle mit dem Ziel, das Leben der „Herrenrasse" im Krieg und für spätere Zeiten zu verbessern.

An diesen pseudo-medizinischen Experimenten starben Tausende von Menschen unter entsetzlichen Qualen. Zudem beschaffte man sich ständig „frisches Material" für anatomische und chirurgische Experimente. Zahlreiche Dokumente aus unterschiedlichen Konzentrationslagern belegen diese bestialischen Praktiken der NS-Ärzte, die im „Dienste der Medizin" Menschen als Versuchsobjekte missbrauchten.

Hitler selbst äußerte zu den Menschenversuchen,

„*dass grundsätzlich, wenn es um das Staatswohl geht, der Menschenversuch zuzulassen ist ... dass an sich nicht einer, der in einem KZ oder Gefängnis ist, vollkommen unberührt vom Kriege bleiben soll, während die deutschen Soldaten das fast unertragbare leisten müssen.*"
(NACH: LENI YAHIL: DIE SHOAH. ÜBERLEBENSKAMPF UND VERNICHTUNG DER EUROPÄISCHEN JUDEN, MÜNCHEN, LUCHTERHAND, 1998, S. 727)

Das war der Persilschein für alle, die jetzt ihre krankhafte Geltungssucht verbrämt mit ein paar humanitären Floskeln ohne Rücksicht auf Menschenleben ausleben konnten.

Fleckfieberversuche

Das Fleckfieber war als Not- und Hungerkrankheit ein spezielles Kriegsproblem. Um die deutsche Bevölkerung vor dieser Seuche zu schützen, sollten neue wirksame Impfstoffe entwickelt werden.

Die Versuche dazu begannen am 5. Januar 1942 im KZ Buchenwald. Zur Untersuchung der noch weitgehend ungeprüften Fleckfieber-Impfstoffe wurden in verschiedenen Versuchsreihen in einer eigens dafür eingerichteten Abteilung die Insassen vorsätzlich mit Fleckfieber infiziert und anschließend „behandelt":

> Die Versuchspersonen wurden gegen Fleckfieber geimpft bzw. mit Hilfe bestimmter Medikamente „geschützt" und anschließend mit Frischblut von Fleckfieberkranken infiziert.
> Um die Wirksamkeit der Impfmittel zu prüfen, dienten bei diesen Versuchen einige der Häftlinge als Kontrollpersonen. Diese Häftlinge wurden zwar mit Fleckfieber infiziert, jedoch nicht dagegen geimpft.
> Um das benötigte Frischblut stets parat zu haben, wurden monatlich laufend drei bis fünf Häftlinge auf diese Weise vorsätzlich mit Fleckfieber angesteckt. Von diesen sogenannten Passage-Personen überlebte nahezu keine die Versuche. Insgesamt wurden – die Passage-Personen nicht eingerechnet – mindestens 1000 Häftlinge für Fleckfieberexperimente missbraucht.
> (NACH: ERNST KLEE: AUSCHWITZ, DIE NS-MEDIZIN UND IHRE OPFER, FISCHER TB, FRANKFURT A.M., 2001, S. 293)

> Fleckfieberversuche sind auch aus dem KZ-Natzweiler bekannt. Dort arbeiteten SS und die Luftwaffe als Auftraggeber der Experimente Hand in Hand. Die Versuche an KZ-Häftlingen begannen Natzweiler im Mai 1943. Die erste Versuchsreihe wurde im Sicherungslager Schirmeck, das zum KZ Natzweiler gehörte, an 25 Polen durchgeführt. Als die ersten Versuchspersonen nach der Injektion des zu testenden Impfstoffes sterben, wird das technische Personal damit beruhigt, dass die Versuche „nur an Polen"* durchgeführt würden, die ja „eigentlich keine Menschen"* seien.
> (NACH: HANS-HENNING SCHARSACH: DIE ÄRZTE DER NAZIS, WIEN, VERLAG ORAC, 2000)

*) AUSSAGE VON PROFESSOR EUGEN KOGON, EINEM IN BUCHENWALD INHAFTIERTEN HISTORIKER, DER ALS STATIONSSCHREIBER IN DER ABTEILUNG FÜR FLECKFIEBER UND VIRUSFORSCHUNG DIENST TAT. EUGEN KOGON BRACHTE NACH KRIEGSENDE DAS TAGEBUCH DES LEITERS DER FLECKFIEBERVERSUCHE, ERWIN DING-SCHULER, IN SICHERHEIT. IN DEM NÜRNBERGER ÄRZTEPROZESS SAGTE ER ZU DEN MENSCHENVERSUCHEN AUS.

Literatur-Kartei „Der Vorleser"

Werkszeitung der I.G. Farbenindustrie von 1935

Im Namen der Medizin – „medizinische" Versuche in KZs

2

Bei den medizinischen Versuchen arbeiteten die Pharma-Industrie, das Hygiene-Institut der Waffen-SS und die KZ-Ärzte eng zusammen. Die Versuchsstationen der KZs wurden von den Pharma-Unternehmen (Unternehmen des Konzern-Riesen I.G. Farbenindustrie) mit Impfstoffen und Medikamenten versorgt, diese lieferten im Gegenzug neueste Versuchsergebnisse, die der Verbesserung der Mittel dienen sollten. Im Übrigen war auch die Firma „Degesch", die das Vergasungsmittel „Zyklon B" an die KZs lieferte, ein Tochterunternehmen der I.G. Farben.
Die Dokumente aus der damaligen Zeit sprechen für sich:

Schreiben vom 27. Januar 1943 von Dr. Weber (Hoechst) und Dr. König (Leverkusen) an den SS-Obersturmführer Dr. Hellmuth Vetter, Arzt im KZ Auschwitz:

> *Nachdem inzwischen unsere Verträglichkeitsversuche in einer befreundeten [!] Irrenklinik ergeben haben, daß auch Tabletten à 0,25 anstandslos stomachal vertragen wurden, sind wir von der Drageeform abgegangen ...*
> *Nun haben sich aber insofern Schwierigkeiten ergeben, als unerwartet von einzelnen Seiten Klagen über die Verträglichkeit des Präparates laut wurden, die dazu führten, daß von Überängstlichen [!] die Versuche abgebrochen wurden auf deren Durchführung wir großen Wert gelegt hätten.*

(NÜRNBERGER DOKUMENT NI-11417, IN: ERNST KLEE: AUSCHWITZ, DIE NS-MEDIZIN UND IHRE OPFER, FRANKFURT A.M., FISCHER, 2001, S. 301)

Am 30. Oktober 1945 wurde Dr. Vetter von der Bayer AG (I.G. Farbenindustrie) ein Zeugnis ausgestellt, das seine verdienstvolle Arbeit auf dem Gebiet der Pharmakologie würdigt:

Zeugnis

> *Herr Dr. med. Hellmuth Vetter, geboren am 21. März 1910 zu Rastenberg, trat am 17. Februar 1938 als wissenschaftlicher Mitarbeiter in unsere Firma ein. Nach der üblichen Einarbeitungszeit im Rahmen unserer wissenschaftlichen Abteilung betätigte er sich als Sachbearbeiter für das Arbeitsgebiet Hormon- und Organ-Präparate, nachdem er sich bereits in der Frankfurter Universitäts-Frauenklinik u.a. besonders für hormontherapeutische Fragen interessiert hatte. Hiermit oblag ihm nicht nur die wissenschaftliche Betreuung unserer handelsüblichen Hormon- und Organ-Präparate, sondern auch die Bearbeitung der entsprechenden in klinischer Prüfung stehenden Präparate und die damit zusammenhängende Korrespondenz.*
> *Herr Dr. Vetter hat seinen Aufgabenkreis mit guter Sachkenntnis und energisch angefaßt. Er befriedigte uns in seinen Leistungen vollkommen. Auch im geschäftlich-persönlichen Verkehr mit Klinikern und Ärzten fand er unsere ganze Anerkennung.*
> *Am 20. Mai 1941 wurde Herr Dr. Vetter zur Wehrmacht einberufen. Mit Rücksicht auf die völlig veränderten Verhältnisse und die wirtschaftliche Lage unserer Firma haben wir uns mit ihm dahin freundschaftlichst verständigt, daß er zum 31. März 1946 aus unseren Diensten ausscheidet.*
>
> »Bayer«
> I.G. FARBENINDUSTRIE AKTIENGESELLSCHAFT
> gez. Dir. Dr. Mertens   Dir. Mentzel

(NÜRNBERGER DOKUMENT NI-12447, IN: ERNST KLEE: AUSCHWITZ, DIE NS-MEDIZIN UND IHRE OPFER, FRANKFURT A.M., FISCHER, 2001, S. 321)

Am 19. August 1947 wurde Dr. Hellmuth Vetter von einem amerikanischen Gericht zu Tode verurteilt und am 2. Februar 1949 hingerichtet.

Literatur-Kartei „Der Vorleser"

Im Namen der Medizin – „medizinische" Versuche in KZs

3

Während des Krieges unterhielt der Wirtschaftsriese I.G. Farbenindustrie ein eigenes KZ, in dem kriegswichtige Rohstoffe produziert wurden.

In diesem I.G. Farben-eigenen KZ Auschwitz III (KZ Monowitz) wurden Häftlinge als billig verfügbare Arbeitskräfte in den „Buna"-Werken zunächst physisch ausgebeutet, oder, wenn sie nicht mehr zu gebrauchen waren, wieder in das Vernichtungslager Birkenau überstellt, was ihr sicheres Todesurteil bedeutete.

Das „Buna"-Werk in Auschwitz

> Aber erst im Kriege vermochte die deutsche Chemie die große Probe auf ihre Bewährung zu liefern. Es ist keine Übertreibung zu sagen, dass ein moderner Krieg ohne die Ergebnisse, die die deutsche chemische Industrie unter dem Vierjahresplan erzielte, unvorstellbar wäre.
> (DR. VON SCHNITZLER, ZENTRALAUSSCHUSSMITGLIED DES VORSTANDS DER I.G., 10. FEBRUAR 1943, NACH: HANS MAGNUS ENZENSBERGER (HRSG.): OMGUS. ERMITTLUNGEN GEGEN DIE I.G. FARBEN (SONDERBAND DER ANDEREN BIBLIOTHEK), NÖRDLINGEN, GRENO, 1986, S. 2)

Die Fortsetzung der Geschichte

Heute sind die I.G. Farben-Firmen BASF, Bayer und Hoechst mächtiger den je und scheinen nur ungern auf den unrühmlichen Teil ihrer Vergangenheit zurückblicken zu wollen.

Die intime Verquickung mit dem verbrecherischen Nazi-Regime wird nur lückenhaft und zum Teil verharmlosend dargestellt. Zu den eigenen Archiven, in denen Beweismaterial lagert, wird der Öffentlichkeit teilweise der Zutritt verwehrt.

Mit der Verurteilung der damals Verantwortlichen bzw. ihrer Rehabilitierung sieht man diesen Teil der Firmengeschichte als abgeschlossen an:

> In dem Teil des Urteils, der sich auf die sogenannten verbrecherischen, medizinischen Versuche bezieht, stellt der Militärgerichtshof fest, daß die Anklage für ihre Behauptung einer Beteiligung der IG an verbrecherischen Versuchen in Konzentrationslagern keinen Beweis erbracht habe.
> Damit ist gerichtlich festgestellt, daß alle den pharmazeutischen Zweig der IG betreffenden Nachrichten, die geeignet sind, in der deutschen und der Weltöffentlichkeit Abscheu gegen und Ablehnung von Heilmitteln zu erwecken, die angeblich auf dem Wege verbrecherischer Versuche entwickelt wurden, beweislos geblieben sind.
> Dr. NELTE, Rechtsanwalt

(LESERBRIEF VON RECHTSANWALT DR. NELTE AN „DER AUFBAU. SCHWEIZERISCHE WOCHENZEITUNG FÜR RECHT, FREIHEIT UND FRIEDEN", 25. MÄRZ 1949)

Insbesondere was die Beteiligung an den medizinischen Experimenten angeht, scheint für die Chemie-Firmen der Stand von 1948 (Urteilsverkündung des Militärgerichtshofes) zu gelten.

Nichts ist jedoch vorbei, solange Totschweigen noch als eine Strategie der Geschichtsbewältigung funktioniert.

Hintergrund-Info:

Die I.G. Farbenindustrie entstand 1925 unter Zusammenschluss von sechs führenden deutschen Chemieunternehmen. Mit ihrem technischen Fortschritt, ihren innovativen Forschungsergebnissen und ihrer wirtschaftlichen Macht lag die I.G. Farbenindustrie an der Spitze des Weltmarktes. Im Krieg sollte sich ihr Einfluss noch weiter vergrößern.

Zu diesen „Großen Sechs" zählten:

BASF (Badische Anilin und Soda-Fabrik, Ludwigshafen)
Bayer (Farbenfabriken vorm. Friedrich Bayer & Co., Leverkusen)
Hoechst (Farbwerke vorm. Meister Lucius und Brüning, Höchst am Rhein)
Agfa (Aktiengesellschaft für Anilinfabrikate, Berlin)
Cassella (Leopold Cassella & Co.; Frankfurt)
Kalle (Kalle & Co., Biebrich)

ANMERKUNG: BUCHHINWEISE ZU DEN THEMEN „MEDIZINISCHE VERSUCHE" UND „I.G. FARBEN" FINDEN SIE IM ANHANG (S. 96).

Literatur-Kartei „Der Vorleser"

System der Konzentrationslager

Unmittelbar nach ihrer Machtergreifung am 30. Januar 1933 begann die nationalsozialistische Führung im Deutschen Reich mit der Errichtung von Konzentrationslagern. Das erste Konzentrationslager wurde auf Veranlassung des Oberhauptes der Deutschen Polizei und späteren Reichsführer der SS, Heinrich Himmler, in Dachau errichtet. Der äußere Anlass dazu waren Massenverhaftungen sogenannter „Staatsfeinde", die zur Überfüllung der Justizgefängnisse geführt hatten.

Das Konzept für die Organisation zukünftiger KZs stammt von Theodor Eicke, der als zweiter Kommandant des KZ Dachau dort ein System des Terrors und der Gewalt etabliert hatte. Ab 1934 übernahm die SS die alleinige Führung der Konzentrationslager, nachdem in der Röhm-Aktion die SA durch die Ermordung ihrer Führer entmachtet wurde.

Organisation der Konzentrationslager

Im Mai 1934 wurde Eicke schließlich von Himmler damit beauftragt, das System der deutschen Konzentrationslager nach dem Vorbild von Dachau auszubauen. Als „Inspekteur der Konzentrationslager" begann Eicke ab 1934 mit der Umstrukturierung bestehender und Errichtung neuer Konzentrationslager. Im Zuge dieser Umstrukturierung sollten auch die improvisierten, willkürlich auf freiem Feld errichteten „wilden Konzentrationslager" dem System untergeordnet bzw. aufgelöst werden. Ziel war der Aufbau eines rationalisierten und durchorganisierten Lagersystems zur Inhaftierung von politisch „Unliebsamen". In der Folgezeit entwickelte sich ein weit verzweigtes System von Hauptlagern sowie diesen zugeordneten Außenstellen und Nebenlagern. Einige der wichtigen Hauptlager waren Dachau (errichtet 1933), Sachsenhausen (errichtet 1936), Buchenwald (1938), Mauthausen (1939), das Frauenkonzentrationslager Ravensbrück (1940), Auschwitz (1941) und Bergen-Belsen (1943). Nach Himmlers Willen sollten die Konzentrationslager zu einer dauerhaften Einrichtung des NS-Staates werden.

Ab 1933 wurden in Konzentrationslagern neben politischen Gegnern daher auch Personengruppen inhaftiert, die aus ideologischen, rassistischen, nationalistischen und sozialen Gründen als „Volksschädlinge" und „Staatsfeinde" von den Nationalsozialisten verfolgt wurden. Die Häftlinge waren anhand von aufgenähten Symbolen als Angehörige eben dieser Personengruppen identifizierbar.

Der Ausbau des Systems durch die SS in den Jahren 1934 und 1936 führte zu einer Vereinheitlichung der Lagerverwaltung und Systematisierung des Haftvollzugs.

Systematische Vernichtung

Die Organisation der Konzentrationslager wurde auf diese Weise unabhängig von dem jeweiligen Führungspersonal und dessen brutalen Initiativen. Die SS bildete als Wachpersonal eigene Verbände, die Totenkopfverbände aus. Diese verfestigten in den Konzentrationslagern ein System höchst effektiver fabrikmäßiger Umsetzung der Rassentheorie. Einige der Lager wurden im Rahmen der „Säuberungsaktionen" in den eroberten Gebieten sehr schnell zu reinen Vernichtungslagern umfunktioniert, so auch das KZ Auschwitz. Die Vergasung durch das Giftgas Zyklon-B und Ermordung per Genickschussanlage machte darin die fabrikmäßige, verwaltete und steril-anonyme Massentötung von Menschen möglich. Die Mörder traten erst kurz vor Schluss vor den Gaskammern in Erscheinung. Der Weg bis dahin war bis ins Detail arbeitsteilig organisiert: vom Registrieren der Opfer über ihre Festnahme bis hin zum Abtransport. Dieses arbeitsteilige Vorgehen machte die „Effizienz" des Massenmordes aus und beruhigte die Gewissen, denn die Beteiligten machten – jeder für sich – „nur ihre Arbeit".

Die Vernichtungsaktionen fanden jedoch nicht nur innerhalb der KZs statt. Massaker und Erschießungen, bei denen ganze Dörfer oder Stadtteile zusammengetrieben, und bei denen die Menschen Auge in Auge mit ihren Mördern von SS-Leuten erschossen wurden, wurden ebenso systematisch abgewickelt. Insgesamt kamen im Verlaufe des Krieges etwa 1.300.000 Menschen bei den Erschießungen im Freien um.

Neben der reinen Bekämpfung und Vernichtung von politischen Gegnern wurde im Verlauf des Krieges aber auch zunehmend die Ausbeutung ihrer Arbeitskraft wichtig. In der Nähe der Konzentrationslager wurden daher Produktionsstätten errichtet. Die arbeitsfähigen Häftlinge wurden in Arbeitslager transportiert, die arbeitsunfähigen in den Vernichtungslagern direkt in den Tod geschickt. Von dem Arbeitseinsatz der KZ-Häftlinge profitierten auch externe Unternehmen, so z.B. private Rüstungsfirmen.

In den letzten Kriegsjahren musste die SS das System der Konzentrationslager wegen der drastisch zunehmenden Anzahl von zu vernichtenden Menschen im Verlauf der Kriegseroberungen ausbauen. Innerhalb dieses Systems stellten die Stammlager das Zentrum einer Organisationseinheit dar, der zahlreiche Außenlager unterstellt waren.

Als in der letzten Phase des Krieges die Alliierten weiter vorrückten, zerfiel das Netz der Lager. Da kein Häftling lebend in die Hände der Befreier fallen sollte, wurden Leichen und Beweismaterial so weit es ging schnellstens beseitigt und die noch lebenden KZ-Insassen auf Evakuierungsmärschen von Lager zu Lager getrieben. Auf diesen Todesmärschen fanden in den letzten Kriegsmonaten, als im Reich das Regime und die Verwaltung schon zusammenbrachen, noch Hunderttausende von Menschen den Tod.

Anmerkung: Eine Übersichtskarte zur Verteilung der Konzentrationslager befindet sich im Anhang (S. 97).

Literatur-Kartei „Der Vorleser"

© Verlag an der Ruhr, Postfach 10 22 51, 45422 Mülheim an der Ruhr, www.verlagruhr.de

→ 2. Buch: Kapitel 14, 15

Suche nach Antworten

KZ Natzweiler Struthof

Untersuchen Sie die Natur- und Ortsbeschreibungen bei den beiden Fahrten zum KZ-Struthof im Zusammenhang mit dem Ort des Grauens. Was will der Autor damit verdeutlichen? Denken Sie dabei auch an Hannah Ahrendts These von der Banalität des Bösen.

Schlink arbeitet hier mit verschiedenen Metaphern:
„Das Lager war geschlossen"
Restaurant „Au Petit Garcon"
Deuten Sie diese.

Episode mit dem LKW-Fahrer (→ Kap. 14)

Michael fragt den LKW-Fahrer, ob er der Offizier sei, der die Erschießung von Juden geleitet habe. Daraufhin rastet der Fahrer aus und wirft Michael aus dem Wagen.

Wie ist diese Reaktion zu verstehen?

Wer ist dieser Mann?

Untersuchen Sie noch einmal genau seine Erzählhaltung und wie er und seine Verhaltensweisen beschrieben werden.

Diskutieren Sie darüber, ob es sich bei ihm um einen Täter oder um ein Opfer von damals handelt.

Episode mit dem Krüppel (→ Kap. 15)

Weshalb lässt sich der Krüppel nicht helfen, und weshalb macht er Michaels Hilfeversuch lächerlich?

Welchen Schluss kann man daraus ziehen?

Warum lässt Schlink den human Denkenden und Handelnden als Verlierer zurück?

Überlegen Sie, weshalb Bernhard Schlink dem Leser keine eindeutigen Antworten gibt.

Literatur-Kartei „Der Vorleser"

Ganz normale Menschen?

1

Kritiker haben Bernhard Schlink vorgeworfen, er nutze seine Möglichkeiten nicht, um von der Hölle zu erzählen, die aus der Normalität entsteht, und mit seiner Darstellung von Hanna verharmlose er die Schuld der NS-Täter.

Die Person Hannas zeigt jedoch ganz deutlich, wie leicht ein Mensch in dem Zusammenspiel von gesellschaftlichen Mechanismen, wirtschaftlichen und sozialen Faktoren, persönlichen Motiven und charakterlichen Defiziten moralische und ethische Wertvorstellungen zugunsten eines blinden Gehorsams ablegt.

Unterlassene Handlungen und bewusst getroffene Entscheidungen machten in dem System, das gerade unmenschliches Verhalten forderte und bestätigte, einen gewöhnlichen und „ordentlichen" Menschen zum (Mit-)Täter. – In diesem System, das Normen und Werte umkehrte und moralische Vorstellungen pervertierte, bestand die „ordentliche" Bürgerpflicht ja gerade darin, Menschen ans Messer zu liefern oder eigenhändig zu ermorden. Gerade deshalb verstanden sich NS-Täter als pflichtbewusste und ordentliche Bürger. Das Gewissen hatte zu schweigen, wenn der Führer zum Massenmord aufrief.

Weil sie nach eigener Auffassung immer ordentlich und pflichtbewusst waren, plagte sie nach dem Krieg und als Bürger der BRD auch später kein schlechtes Gewissen, keine Schuld. – Die Vergangenheit war nur lästig. (siehe auch Text „Vergangenheitspolitik", S. 37)

Rudolf Höß, Lagerkommandant in Auschwitz, äußert sich in seinen Aufzeichnungen, die er während der Untersuchungshaft anfertigte, zu seinen Aufgaben im KZ:

„ *Kalt und herzlos muss ich erscheinen, bei Vorgängen, die jedem noch menschlich Empfindenden das Herz im Leibe umdrehen ließen. Ich durfte mich noch nicht einmal abwenden, wenn allzu menschliche Regungen in mir hochstiegen. [...] Ich musste alle Vorgänge mit ansehen. Ich musste, ob Tag oder Nacht, beim Heranschaffen, beim Verbrennen der Leichen zusehen, musste das Zahnausbrechen, das Haarabschneiden, all das Grausige stundenlang mit ansehen. [...] Ich musste dies alles tun – weil ich derjenige war, auf den alle sahen, weil ich allen zeigen musste, dass ich nicht nur die Befehle erteilte, die Anordnungen traf, sondern auch bereit war, selbst überall dabei zu sein, wie ich es von den von mir dazu Kommandierten verlangen musste.*

Stets wurde ich gefragt, wie ich, wie meine Männer diesen Vorgang dauernd mit ansehen könnten, wie wir dies aushalten könnten. Ich antwortete stets darauf, dass eben alle menschlichen Regungen zu schweigen hätten vor der eisernen Konsequenz, mit der wir den Befehl des Führers durchzuführen hätten. Ohne Erbarmen, eiskalt mussten wir so schnell wie möglich die Vernichtung betreiben. Jede Rücksicht, auch die geringste, würde sich später bitter rächen. Dieser harten Konsequenz gegenüber musste ich meine menschlichen „Hemmungen" zutiefst begraben. Ja, ich muss offen gestehen, diese menschlichen Regungen kamen mir wie Verrat am Führer vor. Wenn ich so nachts draußen bei den Transporten, bei den Gaskammern, an den Feuern stand, musste ich oft an meine Frau und die Kinder denken, ohne aber sie näher mit dem ganzen Vorgang in Verbindung zu bringen. Auch von den Verheirateten unter den an den Krematorien oder den Freianlagen Dienst Tuenden hörte ich [dies] oft. Wenn man die Frauen mit den Kindern in die Gaskammern gehen sah, so dachte man unwillkürlich an die eigene Familie. [...]

Ja, meine Familie hatte es in Auschwitz gut. Jeder Wunsch, den meine Frau, den meine Kinder hatten, wurde erfüllt. Die Kinder konnten frei und ungezwungen leben. Meine Frau hatte ihr Blumenparadies. Die Häftlinge taten alles, um meiner Frau, um den Kindern etwas Liebes zu tun, um ihnen eine Aufmerksamkeit zu erweisen. Es wird wohl auch kein ehemaliger Häftling sagen können, dass er je in unserem Haus irgendwie schlecht behandelt worden sei. Meine Frau hätte am liebsten jedem Häftling, der irgendwie etwas bei uns zu tun hatte, etwas geschenkt. Die Kinder bettelten dauernd bei mir um Zigaretten für die Häftlinge. An den Gärtnern hingen die Kinder besonders. In der ganzen Familie war die Liebe für die Landwirtschaft, besonders für alle Tiere, hervorstechend. "

(AUS: RUDOLF HÖSS, KOMMANDANT IN AUSCHWITZ, AUTOBIOGRAFISCHE AUFZEICHNUNGEN, MARTIN BROSZAT (HRSG.), STUTTGART, DVA, 1961)

Literatur-Kartei „Der Vorleser"

Höß wurde 1946 verhaftet und an die Polen ausgeliefert, von denen er zum Tode verurteilt wurde. Die von ihm hinterlassenen Aufzeichnungen sind aus psychologischer, weniger jedoch aus historischer Sicht hochinteressant.

Ganz normale Menschen?

2

Höß äußert sich zu seiner Aufgabe als Lagerkommandant und zu seinem Privatleben. Bewerten Sie seine Äußerungen:
* Wie begründet Höß seinen blinden Gehorsam und die unbedingte Anpassung an den KZ-Alltag?
* Wie beurteilt er seine Funktion in dem Geschehen – insbesondere gegenüber seinen Untergebenen?
* Wie ließ sich für ihn das Familienleben mit der „Arbeit" im KZ vereinbaren?
* Wie lässt sich die Aussage verstehen, Höß hätte bei den Gedanken an seine Familie diese nicht direkt mit dem Alltag im KZ in Verbindung gebracht?
* Was steckt hinter dem Satz: „Jede Rücksicht, auch die geringste, würde sich später bitter rächen."
* Höß äußert, dass „die menschlichen Regungen zu schweigen hatten". Welche Auffassung von seiner „Arbeit" in Bezug auf Recht und Moral lässt sich darin erkennen?
* Himmler hatte in einer berühmt-berüchtigten Rede über die SS-Moral die „Anständigkeit" im Zusammenhang mit dem Massenmord hervorgehoben. Auch nach 1945 blieb der Vorwurf der „Unanständigkeit" der größte, den man den Deutschen hätte machen können. Lässt Höß eine ähnliche Einstellung durchblicken?

War Höß ein „ganz normaler Mensch"?

Ganz normale Menschen: Gutachter mit ihrer Begleitung auf Selektionsreise.

Auf den sogenannten Selektionsreisen erstellten die Ärzte Gutachten, anhand deren psychisch Kranke für die Gaskammer oder für medizinische Versuche ausgesondert wurden.
Die Gutachter verbanden das Unangenehme ihrer Pflicht mit den Annehmlichkeiten, die eine solche Dienstreise bot, und nahmen häufig ihre Ehefrauen mit.

Literatur-Kartei „Der Vorleser"

Das Gespräch mit dem Richter

Weshalb geht Michael zum vorsitzenden Richter?

Untersuchen Sie, wie der Richter dargestellt wird. Vergleichen Sie seine Beschreibung mit der Darstellung auf S. 147. Was will Schlink damit verdeutlichen?

Weshalb spricht Michael mit dem Richter nicht über Hanna? Welche Bedeutung hat in diesem Zusammenhang der Satz: *„Er hatte alles richtig gemacht."*?

Wie fühlt sich Michael nach dem Besuch beim Richter? Wie drückt Schlink dies sprachlich aus?

> **„Der Besuch hatte nur Alibifunktion. Michael wollte nie wirklich mit Hanna reden."**

Setzen Sie sich mit dieser Behauptung auseinander.

Mit einer ähnlichen Grundeinstellung ist der eine Henker, der andre Richter geworden. Wann und in welche Epoche man hineingeboren wird, ist Zufall. Dieser Zufall jedoch entscheidet, ob und in welchem Maße der Mensch sich verstrickt und schuldig wird. Denn ein verbrecherisches Regime nützt, um seine Ziele zu realisieren, den Egoismus und die Verantwortungslosigkeit der Mitläufer aus. Diese wissen zwar, dass sie Unrecht tun, es ist ihnen aber egal, wenn sie in ihrem persönlichen Vorteil einen Grund haben, der ihnen wichtiger ist als ethische Überlegungen.

Führen Sie ein Interview mit Michael, in dem Sie ihn dazu bringen, seine egoistischen Motive zu bekennen, aus denen heraus er sein Wissen zurückgehalten und sich schuldig gemacht hat.

TIPP: Auf ein Interview muss man sich gut vorbereiten. Machen Sie sich vorab klar (eventuell mit einer Mind-map©), aus welchen egoistischen Motiven Michael handelt und weshalb er eine direkte Konfrontation mit Hanna vermeiden möchte. Lesen Sie dazu noch einmal das Kapitel 13. Denken Sie an die Verletzungen, die Michael durch Hanna vor und während des Prozesses erlitten hat, an seine Gefühle für Hanna, an das Gespräch mit dem Vater.

3. Buch: Kapitel 1 bis 3

Das Leben danach

- Wie verläuft Michaels Leben nach dem Prozess?
- Welche Einstellung zu sich selbst zeigt die Ski-Episode?
- Welches Problem beschäftigt Michael nach dem Prozess unentwegt?

Michael äußert:
„dass mein Leiden an meiner Liebe zu Hanna in gewisser Weise das Schicksal meiner Generation, das deutsche Schicksal war."
(S. 163)

- Erläutern Sie, was damit gemeint ist. Inwiefern schwingt hier der Gedanke der „Kollektivschuld" mit?
- Arbeiten Sie heraus, in welcher Weise Hanna Michaels weiteres Leben bestimmt und auch Ursache ist für das Scheitern seiner Ehe und seiner anderen Beziehungen zu Frauen.
- Vergleichen Sie Michaels Partnerschaften mit seinem Liebesleben zu Beginn des Studiums. (vgl.: „Die Leichtigkeit des Seins", S. 34) Zeigen Sie auf, was sich verändert hat.

Literatur-Kartei „Der Vorleser"

→ 3. Buch: Kapitel 4

Flucht in die Distanz

**Nach dem Referendariat muss sich Michael
für einen juristischen Beruf entscheiden.
Gertrud, seine Frau, bezeichnet Michael Entscheidung als:**

„eine Flucht vor der Herausforderung und Verantwortung des Lebens."
(⸺› S. 171)

Überprüfen Sie mit Hilfe des Textes,
ob Gertrud mit ihrer Einschätzung Recht hat.
Wie versucht Michael seine Flucht
in die Vergangenheit zu rechtfertigen?
Ist das überzeugend?

Dass Michael in dieser Lebenssituation
die Odyssee liest, hat Symbolcharakter.

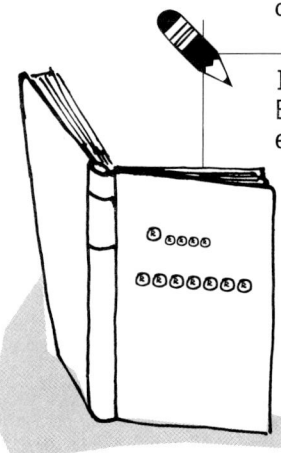

Informieren Sie sich über die „Odyssee".
Erklären Sie, inwiefern er in Odysseus
eine Leitfigur für sein Leben sieht.

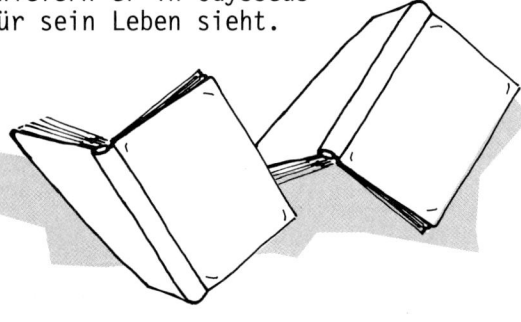

Michael hat wiederholt gezeigt,
dass er konfliktscheu ist,
ungern Entscheidungen fällt
und Verantwortung übernimmt.

Arbeiten Sie mit Hilfe des Romans heraus,
weshalb es dazu gekommen ist,
dass Michael vor Verantwortung flüchtet.
Untersuchen Sie:
* das Verhalten seiner Vorbilder Vater und Mutter;
* seine Stellung (Rolle) innerhalb der Familie;
* welche Prägung er durch Hanna hinsichtlich
  „Verantwortung übernehmen" erfährt;
* wodurch er sonst noch in seinem Verhalten
  bestärkt wird.
(Auswertung erfolgt auf
dem Arbeitsbogen)

*Literatur-Kartei
„Der Vorleser"*

→ 3. Buch: Kapitel 4

ARBEITSBOGEN
Flucht in die Distanz
2

Von einem mündigen Erwachsenen erwartet man, das er sich den „Herausforderungen des Lebens" stellt und bereit ist die „Verantwortung des Lebens" zu tragen, auch wenn es schwer ist.
Michael verhält sich anders:

Vorbild Vater:

Vorbild Mutter:

Sonstige Einflüsse:

Michaels Stellung in der Familie:

Prägung durch Hanna:

DISTANZ

der „bequeme" Weg

Literatur-Kartei „Der Vorleser"

→ 3. Buch: Kapitel 5, 6

Der Vorleser – aus der Distanz

ÜBUNG
Lesegründe – Was bewirkt Literatur?

Bei dieser Übung darf zunächst nicht gesprochen werden. Konzentrieren Sie sich auf Ihr eigenes Tun.

Denken Sie über die Frage „Warum lese ich?" nach und notieren Sie drei persönliche Antworten jeweils auf ein weißes Karteikärtchen.

Verfahren Sie mit der Frage: „Was kann Literatur bewirken?" ebenso, benutzen Sie jedoch farbige Kärtchen.

Nehmen Sie – ohne miteinander zu sprechen – an einem Vierertisch Platz, in dessen Mitte ein runder Zettel mit der Überschrift „Lesegründe" liegt.

Legen Sie – immer noch schweigend – Ihre Kärtchen auf dem Tisch aus und ordnen Sie diese nach inhaltlichen Zusammenhängen.

Jeder darf Kärtchen verschieben und weitere Kärtchen mit neuen Aspekten ergänzen.

Ist eine von allen akzeptierte Ordnung erreicht, wird das Schweigegebot aufgehoben: Sprechen Sie jetzt miteinander über das Ergebnis.

Michael akzeptiert, dass in seinem „Leben Hanna immer wieder dominiert" (→ S. 174), und nimmt seine Rolle als Vorleser wieder auf, diesmal jedoch aus der Distanz. Er schickt Hanna Kassetten. Michael glaubt, dass er so alles im Griff hat, dass die räumliche Distanz ihn vor seinen Gefühlen und seinem Hingezogensein zu Hanna schützt. Zudem muss er so nicht für seine Schuld geradestehen und mit ihr reden.

„Lesen ist leben aus zweiter Hand" – was ist dann Vorlesen?

Stellen Sie Michaels Literaturliste zusammen.*
Informieren Sie sich über diese Autoren und deren Hauptwerke.
Überlegen Sie, weshalb Michael gerade diese Auswahl getroffen hat und was er Hanna eigentlich mit Hilfe dieser Auswahl vermitteln will.

*) Eine Gesamtübersicht der im „Vorleser" vorkommenden Autoren und Werke finden Sie im Anhang (S. 97).

Literatur-Kartei „Der Vorleser"

Mit dem Song „Eiszeit" drückten die Schwestern Annette und Inga Humpe mit ihrer Band „IDEAL" das Lebensgefühl vieler junger Menschen zu Beginn der 8oer-Jahre aus.

Eiszeit

Lesen Sie den Liedtext „Eiszeit" von Annette Humpe.

Erläutern Sie Lebensgefühl und Lebenshaltung des lyrischen Ichs.
* Vergleichen Sie diese mit Michaels Lebenssituation.
* Arbeiten Sie Gemeinsamkeiten und Unterschiede heraus.

Inwiefern führt Michaels Verhalten zu einer Verstärkung seiner Selbstentfremdung, die sich schon, wenn auch in anderer Weise, im Skiurlaub zeigte?

Welche Stellung nimmt Hanna jetzt in seinem Leben ein (s. S. 176), ohne dass er auch nur ein persönliches Wort mit ihr wechselt?

Eiszeit

Das Telefon seit Jahren still
kein Mensch mit dem ich reden will
ich seh' im Spiegel mein Gesicht
nichts mehr hat Gewicht

Ich werfe Schatten an die Wand
und halte zärtlich meine Hand
ich red' mit mir und schau ins Licht
mich erreichst du nicht

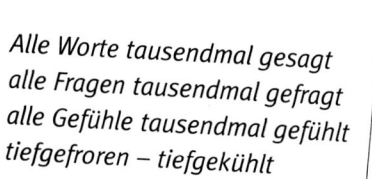

In meinem Film bin ich der Star
ich komm' auch nur alleine klar
Panzerschrank aus Diamant
Kombination unbekannt

Eiszeit
mit mir beginnt die
Eiszeit
im Labyrinth der
Eiszeit
minus neunzig Grad

Alle Worte tausendmal gesagt
alle Fragen tausendmal gefragt
alle Gefühle tausendmal gefühlt
tiefgefroren – tiefgekühlt

In meinem Film bin ich der Star
ich komm' auch nur alleine klar
Panzerschrank aus Diamant
Kombination unbekannt

Eiszeit
mit mir beginnt die
Eiszeit
im Labyrinth der
Eiszeit
Minus neunzig Grad

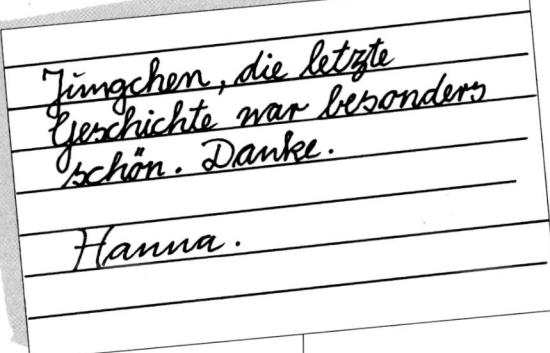

> *Jüngchen, die letzte Geschichte war besonders schön. Danke.*
>
> *Hanna.*

Nach vier Jahren der einseitigen Kommunikation überrascht Hanna Michael mit ihrem ersten Brief. Wie reagiert Michael auf diesen Brief? Wie ist diese Reaktion zu verstehen?

Literatur-Kartei „Der Vorleser"

3. Buch: Kapitel 10

Hannas Schritt in die Mündigkeit

„Indem Hanna den Mut gehabt hatte, lesen und schreiben zu lernen, hatte sie den Schritt aus der Unmündigkeit zur Mündigkeit getan, einen aufklärerischen Schritt."
(S. 178)

- Wie ist es Hanna gelungen, ihre Unmündigkeit als Analphabetin zu überwinden?

- Überlegen Sie, ob Hanna es auch geschafft hätte, wenn Michael auf sie zugegangen wäre.

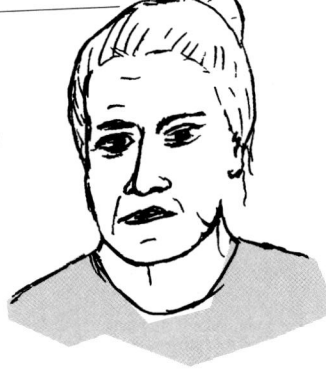

- Informieren Sie sich über Autoren und Werke in Hannas Bücherregal. Was sagen diese Bücher und die Texte auf den Zetteln über Hanna aus?

- Wie geht Hanna mit Schuld und Verantwortung um? Beziehen Sie bei dieser Frage auch Hannas Rolle innerhalb der Gefängnishierarchie mit ein.

- Schreiben Sie als Hanna einen Brief an Michael, in dem Sie schildern, welche Entwicklung Sie im Gefängnis durchlebt haben, und wie Sie Ihre Strafe auffassen.

3. Buch: Kapitel 7 bis 8

Begegnung am Rande der Freiheit

Hanna soll nach 18 Jahren Haft entlassen werden.
Die Gefängnisleiterin wendet sich in einem Brief an Michael.

Verdeutlichen Sie, was sie von Michael erwartet.

Wie ist Michaels Reaktion auf diese Nachricht?
Inwiefern wird er den Erwartungen der Gefängnisleitung gerecht?

Wie verläuft die Wiederbegegnung
von Hanna und Michael?
Wie nehmen beide diese Begegnung wahr?

> „... sah ihre Augen suchen, fragen, unsicher und verletzt schauen und sah ihr Gesicht erlöschen."
> (S. 185)

Was hat Hanna zu sehen gehofft
und wie kommt es zu dieser Reaktion?

„Sehen" und „Riechen" –
sprechen Sie miteinander über die
unterschiedliche Art und Qualität
der Wahrnehmungen.

Michael erfährt Hanna
über den Geruchssinn.
Dieses Beschnüffeln wirkt
zunächst in der Situation
etwas befremdlich.

Was möchte der Autor mit dieser
Textpassage (S. 185–186) ausdrücken?

Überlegen Sie in kleinen Gruppen,
weshalb die Distanz zwischen
Michael und Hanna unüberbrückbar
erscheint.
* Untersuchen Sie dann das Gespräch
  und stellen Sie fest, was nicht
  gesagt wird.
* Spielen Sie die Situation
  durch und entwerfen Sie
  andere mögliche
  Gesprächsanfänge.
* Stellen Sie diese
  ihrem Kurs vor
  und diskutieren Sie,
  ob und auf welche Weise
  die Distanz zu überbrücken
  wäre.

Literatur-Kartei
„Der Vorleser"

3. Buch: Kapitel 10

Hannas Selbstmord

Hannas Selbstmord am Tage ihrer Freilassung wirkt auf den Leser wie ein Schock.

Warum zieht Hanna den Tod der Freiheit vor?

Setzen Sie sich mit Hannas Selbstmord auseinander, und diskutieren Sie die unterschiedlichen Aspekte dieser Tat.

Hannas Selbstmord als logische Konsequenz aus ihrem Wiedersehen mit Michael?

Diskutieren Sie diese Frage.

Die Gefängnisleiterin vergleicht Hannas Leben im Gefängnis mit den Begriffen:

Sühne – Kloster – Meditation – Einsiedelei – Tod

Erläutern Sie, was sie damit meint. Kann hier der Tod als Erlösung gesehen werden?

3. Buch: Kapitel 11, 12 — Die Problematik von Sühne und Wiedergutmachung

> „Dort erst hat die Strafe ihren Sinn erfüllt, wo der Bestrafte sie nicht nur leidend erduldet, sondern handelnd sich ihr beugt. Denn wo er das tut, da wird sie zur wirklichen Sühne, zur Versöhnung des Verbrechers mit dem Recht, gegen das er gesündigt hat, und zur Beruhigung seines Gewissens."
> (Bockelmann, Paul, in Schuld und Strafe, Ethik Arbeitsbuch 12, Konkordia Verlag Bühl, 1987, S. 143)

- Entspricht Hannas Verhalten im Gefängnis dieser Auffassung von Sühne?
- Welche Vorstellungen stehen hinter den Begriffen „Sühne", „Wiedergutmachung" und „Absolution"?
- Diskutieren Sie, ob man Gewaltverbrechen wiedergutmachen kann.
- Hanna hat eine Art Testament hinterlassen. Wie ist Hannas letzter Wille zu verstehen? Was bezweckt sie mit diesem „Testament"?
- Wie geht Michael mit Hannas letztem Willen um?
- Weshalb ist seine Erfüllung auch für ihn selbst wichtig? (vgl. Traum zu Beginn des 11. Kapitels)
- Untersuchen Sie den Verlauf des Gespräches zwischen Michael und der Tochter, die den Brand in der Kirche überlebt hat:
  * Was bewirkt die Wende in dem Gespräch?
  * Weshalb lehnt die Frau das Geld ab, behält jedoch die leere Teedose?

Nachdem Michael Hannas Auftrag erfüllt hat, entschließt er sich, seine und Hannas Geschichte zu schreiben.

- Aus welchen Motiven heraus entschließt sich Michael dazu? Was erhofft er sich davon?

Sühne und Wiedergutmachung – Täter vor Gericht

Bei den Nürnberger Prozessen (1945–49) urteilten die Alliierten über die obersten Vertreter des NS-Staates. Erst 1958 begann die systematische Verfolgung vor deutschen Gerichten. Gegen Personen, die bereits vor einem Gericht der Alliierten standen, durfte jedoch nicht noch einmal ermittelt werden. Delikte wie Körperverletzung mit Todesfolge konnten schon 1955 wegen der Verjährung nicht mehr verfolgt werden, Totschlag seit 1960 nicht mehr, es blieb allein noch Mord. Durch den Auschwitz-Prozess (1963–65) erfuhr die Öffentlichkeit in einem breiten Rahmen von den Verbrechen der Nazi-Zeit. Beim Majdanek-Prozess (1975–81) rückte dann die moralische und pädagogische Aufklärung in den Vordergrund. Ende 2000 gab es noch 24 laufende Verfahren gegen die Täter von damals. Trotz neuer Akten aus Stasi- und osteuropäischen Archiven führten die Ermittlungen immer häufiger zu dem Ergebnis, dass die Verdächtigen nicht mehr verhandlungsfähig oder verstorben sind.

„Gegen die Zeit"

Ein alter Mann, nicht unsympathisch. Der Mund vielleicht etwas schmal und verkniffen. Die dunkle Brille merkwürdig groß auf dem kleinen Kopf. Ein alter Mann, irritierend unscheinbar. Als müsste sich in seinem reglosen Gesicht etwas von dem wiederfinden lassen, was der Mann einmal war: Untersturmführer der Waffen-SS, der Ende März 1945 sieben Häftlinge aus dem Gestapo-Gefängnis Kleine Festung in Theresienstadt kaltblütig erschossen hat. Aus Rassenhass und „reiner Mordlust", wie ihm die Staatsanwaltschaft vorgeworfen hat. Aber in dem Gesicht ist nichts. Mit dem Fall Julius Viel ist jetzt vor dem Landgericht der oberschwäbischen Provinzstadt Ravensburg einer der letzten NS-Prozesse in Deutschland abgeschlossen worden. Mit einer Verurteilung: Für zwölf Jahre muss Julius Viel ins Gefängnis. [...]

Ein ehemaliger Lokalredakteur, ausgezeichnet mit dem Bundesverdienstkreuz. Ein Mann, der nach Kriegsende ein „Leben mit Verdienst und ohne Fehl und Tadel geführt hat", wie es in der Urteilsbegründung heißt. Viel ist vor kurzem 83 Jahre alt geworden, er ist krebskrank und war nur stundenweise verhandlungsfähig. Eineinhalb Jahre saß er in Untersuchungshaft und hat dort einen Selbstmordversuch unternommen. Auch das macht NS-Verfahren heute so schwierig: Die zu Greisen gewordenen Täter erwecken auch Mitleid. Immer wieder steht die Frage im Raum: Muss das wirklich noch sein?

(Aus: Die Woche, 6.4.2001, „Gegen die Zeit" Ulrike Thoser)

Die zu Greisen gewordenen Täter erwecken auch Mitleid. Immer häufiger steht die Frage im Raum „Muss das wirklich noch sein?" Diskutieren Sie diese Frage unter dem Aspekt „Mitleid – Moral – Vergeltung – Gerechtigkeit". Lesen Sie dazu die Texte „Gegen die Zeit" (s.o.) und „Sie nannten ihn den schönen Toni" (S. 93).

Literatur-Kartei „Der Vorleser"

Sühne und Wiedergutmachung – Täter vor Gericht 2

„Sie nannten ihn den schönen Toni

[...]
Von den Angehörigen der Wachmannschaft in der Kleinen Festung Theresienstadt lebt heute nur noch einer: Anton Malloth. Damals, vor fast sechs Jahrzehnten in Theresienstadt, nannten sie den feschen Südtiroler den „Schönen Toni". Heute ist Anton Malloth 89 Jahre alt, ein kranker, gebrechlicher Greis. Am nächsten Montag soll vor dem Landgericht München I der Prozess gegen Anton Malloth beginnen. Die Anklage lautet auf Mord und versuchten Mord in drei Fällen. Er ist nicht der erste Prozess gegen Anton Malloth. Am 24. September 1948 verurteilte das Außerordentliche Volksgericht im tschechischen Litomerice (Leitmeritz) Malloth in Abwesenheit zum Tod durch den Strang. „Laut übereinstimmender Aussagen aller Zeugen", hieß es in dem Urteil, sei Malloth „einer der gefürchtetsten Aufseher in der Kleinen Festung" gewesen. Hängen konnte man ihn nicht – Malloth hatte sich, wenige Tage, ehe die Rote Armee am 8. Mai 1945 Theresienstadt erreichte, nach Österreich abgesetzt. [...] Jahrzehntelang führte er mit Frau und Tochter ein unbehelligtes Leben in Südtirol. [...]
Jetzt sei er ein schwer kranker und mittelloser Mann. In Deutschland sei er auf fremde Hilfe angewiesen, er werde von der Fürsorge leben müssen.

Ein Zimmer im Altenheim
Hilfe wurde ihm zuteil: Im Auftrag des Vereins „Stille Hilfe für Kriegsgefangene und Internierte e.V." besorgte Gudrun Burwitz, die in München lebende Tochter Heinrich Himmlers, ein Zimmer in einem Altenheim in Pullach. Familie Malloth war dankbar."

(AUS: SÜDDEUTSCHE ZEITUNG NR. 89, 18.4.2001, HOLZHAIDER, HANS: „SIE NANNTEN IHN DEN SCHÖNEN TONI.")

Hintergrund-Info:

Anton Malloth hatte sich unmittelbar nach seiner Abschiebung aus Italien an den Verein „Stille Hilfe" gewandt. Die Tochter Heinrich Himmlers, Gudrun Burwitz, kümmerte sich seitdem persönlich um das Wohlergehen des einstigen Untergebenen ihres Vaters. Laut O. Schröm und A. Röpke, verfügen – so wie Anton Malloth – viele untergetauchte NS-Verbrecher über die Kontaktadresse des Vereins. Im Ernstfall einer Verhaftung ist dieser dann mit „Rat und Hilfe" zur Stelle. Die „Stille Hilfe" agiert seit 1951 als vermutlich ältester rechtsextremer Verein der Bundesrepublik Deutschland gemäß dem Motto von Himmlers Schutzstaffel: „Unsere Ehre heißt Treue".
Neben der eher harmlos anmutenden Hilfe, die dem greisen Malloth zuteil wurde, bediente sich der Verein in der Vergangenheit auch anderer Mittel, um NS-Verbrechern zur Flucht oder einer anderen Identität zu verhelfen. Falsche Dokumente, Zusammenarbeit mit US-Geheimdiensten oder dem Vatikan ermöglichten so schon vielen ehemaligen SS-Schergen ein neues Leben.

(NACH: OLIVER SCHRÖM, ANDREA RÖPKE: STILLE HILFE FÜR BRAUNE KAMERADEN. DAS GEHEIME NETZWERK DER ALT- UND NEONAZIS, CH. LINKS VERLAG, BERLIN, 2001)

Das lange Bestehen des Vereins zeigt, dass die Vergangenheit bis heute nachwirkt und keinesfalls als vergangen abgehakt werden kann. Die Öffentlichkeit erfährt von NS-Verbrechern in der Regel erst, wenn es zu Prozessen kommt und die Presse sich interessiert zeigt. Dass viele NS-Verbrecher bis dahin jahrelang (und oft bis zu ihrem Tod) unbehelligt ein normales Leben führen, empört dann sehr. Anton Malloth ist jedoch kein Einzelfall. – Die Mühlen des Gesetzes mahlen eben langsam. Und die Bürokratie lässt einigen Spielraum offen.

HANDWERKSZEUG
Literaturkritik: Rezensionen schreiben 1

Mit „ICH LESE, ALSO BIN ICH" wirbt meine Buchhandlung, aber häufig bin ich ratlos angesichts des schier unübersehbaren Bücherangebots, das selbst meinen Buchhändler überfordert. Die Klappentexte geben zwar eine erste inhaltliche Information, sind aber reine Werbetexte des Verlages und als solche, besonders bei unbekannteren Autoren, keine Entscheidungshilfe.

Die bieten mir die umfangreichen **REZENSIONEN**, die kritischen Besprechungen neuer Bücher in den Tageszeitungen, Fachzeitschriften und im Internet. Sie machen mit dem Inhalt bekannt, erläutern, um welche Fragen und Probleme es geht, welche Einstellung der Autor hat und wie er schreibt.

Eine gute Rezension verrät aber nicht zu viel vom Inhalt, sondern beleuchtet mehr die Eigenart, das Charakteristische eines Buches. Sie will raten, empfehlen oder warnen und ist somit eine Form der Meinungsbildung. Deshalb erwarte ich als Leser auch einen klaren Standpunkt des Rezensenten, der aber je nach politischer und weltanschaulicher Auffassung und ästhetischer Vorliebe ganz unterschiedlich sein kann.

Zwar fürchten Schriftsteller negative Kritiken, die – weil öffentlich – unangenehm sind, aber selbst ein Verriss bedeutet für sie nicht den endgültigen Misserfolg ihres Werkes oder das Ende ihrer Karriere. Oscar Wilde (1854/1900) formulierte einst:
„Besser die Leute reden einen tot, als sie schweigen einen tot."
Denn letztendlich wird sich der Leser, durch Rezensionen zum Lesen des Buches angeregt, selbst seine Meinung bilden.

Stellen Sie, ausgehend von dem Text oben, wichtige Merkmale einer Rezension zusammen.

Mit Hilfe dieser Merkmale können Sie:
⇢ Rezensionen beurteilen
⇢ selbst Rezensionen schreiben

„Der Vorleser" in der Kritik

Schreiben Sie eine Buchkritik zum „Vorleser" für die Schülerzeitung.

Überprüfen Sie die Rezension von Claus Ulrich Bielefeld (s. S. 95) kritisch.
* Arbeiten Sie die Hauptthesen der Rezension heraus.
* Suchen Sie Textstellen, die diese Thesen unterstützen und solche, die die Thesen widerlegen.
* Schreiben Sie in einem Leserbrief eine Gegendarstellung zu der Rezension.

Literatur-Kartei „Der Vorleser"

HANDWERKSZEUG
Literaturkritik: Rezensionen schreiben 2

**Claus-Ulrich Bielefeld:
Die Analphabetin**

Hannah Arendt hat in ihrem Bericht vom Eichmann-Prozeß in Jerusalem das Wort von der „Banalität des Bösen" geprägt.

Sie schrieb: „Das Beunruhigende an der Person Eichmanns war doch gerade, dass er war wie viele und dass diese vielen weder pervers noch sadistisch, sondern schrecklich und erschreckend normal waren und sind (...), diese Normalität war viel erschreckender als all die Greuel zusammen ..."

Und am Ende ihres Berichts hatte sie lakonisch konstatiert, daß dies eine Tatsache sei, „vor der das Wort versagt und an der das denken scheitert".

In der Tat ist über das Leben und vor allem über das Nachleben der Täter wenig geschrieben worden. Einige wenige saßen auf den Anklagebänken der großen Prozesse; doch die Mehrzahl der Täter konnte in den Alltag abtauchen. Das Monströse verschwand wieder in der Normalität, verpuppte sich im Gleichmaß der Provinz, wurde zugedeckt mit Schweigen.

In dieser deutschen Provinz, irgendwann in den fünfziger Jahren, spielt Bernhard Schlinks Roman „Der Vorleser".

Der fünfzehnjährige Michael Berg hat das Glück, von dem jeder pubertierende Junge träumt: Eine reife Frau nimmt ihn sich zum Liebhaber und führt ihn in die Freuden der Liebe ein. Einen Sommer lang sehen sich die beiden fast täglich, der schwärmerische Oberschüler aus gutem Hause und die eher wortkarge Straßenbahnschaffnerin. Die Treffen in der Wohnung der Frau haben ein einfaches Muster: „Vorlesen, duschen, lieben und noch ein bißchen beieinander liegen – das wurde das Ritual unserer Treffen."

Vorlesen? Der Junge greift sich die Werke aus dem Garten der Weltliteratur und schafft beim Vorlesen von Emilia Galotti, Kabale und Liebe, Taugenichts und schließlich Krieg und Frieden vielleicht eine größere Intimität zwischen sich und der Frau als beim sexuellen Akt. Doch irgendwann verschwindet die Frau, ohne sich zu verabschieden.

Eine zartbittere Liebesgeschichte also, die jedoch seltsam starr und mit geradezu buchhalterischer Attitüde erzählt wird. So wird uns vom Ich-Erzähler in ernstem Ton mitgeteilt: „Ich habe den Beginn eines Schuljahres immer als Einschnitt empfunden." Über das Alltagsleben des Schülers erfahren wir: „Im Schwimmbad fand das gesellschaftliche Leben der Klasse statt." Und treffen sich die Geliebten zum gemeinsamen Mahl, wird rasch „letzte Hand ans Essen gelegt". Da wunderts auch nicht mehr, daß der Frau kein anderer Kosename als 'Jungchen' einfällt.

Als spürte der Autor, daß das Interesse an dieser Liebesgeschichte schnell erlahmt, überrascht er uns dann mit der schlimmstmöglichen Wendung. Jahre später sieht man sich im Gerichtsaal wieder: Der Junge ist nun Jurastudent und nimmt an einem KZ-Seminar teil, das auch die Beobachtung von Naziprozessen einschließt. Die Frau sitzt auf der Anklagebank: Sie war Aufseherin in Auschwitz und in einem anderen Lager. Als Beleg ihrer besonderen Grausamkeit wird angeführt, daß sie Lieblinge unter den Gefangenen hatte, die ihr vorlesen mußten, und die sie nach einer gewissen Zeit in den Tod schickte.

Als einzige der Angeklagten wird sie zu lebenslanger Haft verurteilt. Der einstige Liebhaber, der während des Prozesses jeden Kontakt mit ihr vermieden hatte, schickt ihr nun in den folgenden achtzehn Jahren Kassetten mit Lesungen der Weltliteratur, die er selbst aufgenommen hat, in die Zelle. Er besucht sie während der ganzen Zeit nicht. Erst als die Frau entlassen werden soll, trifft er sich mit ihr und will ihr helfen. Doch sie erhängt sich in der Anstalt.

Schlink erzählt eine Geschichte, in der sich das Monströse und das Banale untrennbar mischen: Eine Frau läßt sich gerne vorlesen, weil sie, was wir erst später erfahren, Analphabetin ist. Sie tut alles, um diesen als Schande empfundenen Defekt zu verbergen, ja, sie läßt sich sogar ins KZ versetzen, um ihr Geheimnis für sich behalten zu können. So gerät sie selbst ins Unglück und treibt andere in den Tod. Eine groteske Konstellation, die viele Möglichkeiten bietet, von der Hölle zu erzählen, die aus der Normalität entsteht. Doch Schlink findet dafür keine Sprache. Betulich und umständlich breitet er die Geschichte vor uns aus, penibel pinselt er Fünfziger-Jahre-Kolorit, und auch mit seinen Kommentaren („manchmal denke ich") höhlt er nicht hinter dem Berg. Hier gibt es weder Schrecken noch Angst, weder Tabus noch Tabuverletzungen. Mit enervierender Selbstgewißheit, ohne je zu stocken, wird über alles hinwegerzählt. Nichts spüren wir von der angeblich fortwirkenden Liebe des Ich-Erzählers, die ihm andere Beziehungen unmöglich macht. Dürftig sind die Reflexionen, die über „das Schicksal meiner Generation" angestellt werden; sie zeugen zudem von erstaunlicher Selbstgerechtigkeit. Schwer erträglich sind die Schilderungen der Träume, in denen der Ich-Erzähler die Frau „mit hartem Gesicht, schwarzer Uniform und Reitpeitsche" sieht, dann an die Frau denkt, „die mich liebt", und schließlich schlechten Gewissens zugesteht, „daß die phantasierten Bilder armselige Klischees waren". Bernhard Schlink schreibt diese Klischees aber nieder, ohne sie zu brechen. Er ist Sprachoptimist, dem Selbstzweifel fremd sind, der nie befürchtet, daß „das Wort versagt". So muß er scheitern.

(AUS: CLAUS-ULRICH BIELEFELD, DIE ANALPHABETIN. IN: SÜDDEUTSCHE ZEITUNG VOM 4./5.11.1995)

Literatur-Kartei „Der Vorleser"

Literatur

Benz, Wolfgang; Graml, Hermann; Weiß, Hermann (Hrsg.):
Enzyklopädie des Nationalsozialismus,
München, dtv, 1997

Bergmann, K.:
Einblicke in die frühe Bundesrepublik,
in: Geschichte lernen, Heft 35, 1993,
S. 10–17

Bielefeld, Klaus-Ulrich:
Die Analphabetin,
in: Süddeutsche Zeitung, 4./5.11.1995

Borkin, Joseph:
Die unheilige Allianz der I.G. Farben. Eine Interessengemeinschaft im Dritten Reich,
Frankfurt a.M., Campus Verlag, 1990

Brunner, Bernhard:
Auf dem Weg zu einer Geschichte des Konzentrationslagers Natzweiler,
Landeszentrale für politische Bildung Baden-Württemberg, Stuttgart, 2000

Coordination gegen BAYER-Gefahren (Hrsg.):
IG FARBEN. Von Anilin bis Zwangsarbeit,
Stuttgart, Schmetterling Verlag, 1995

Edvardson, Cornelia:
Gebranntes Kind sucht das Feuer,
München, dtv, 1986

Focke, H.; Reimer U.:
Alltag der Entrechteten,
Reinbek, rororo aktuell, 1980

Focke, H.; Reimer, U.:
Alltag unterm Hakenkreuz,
Reinbek, rororo, 2001

Frei, Norbert:
Vergangenheitspolitik. Die Anfänge der Bundesrepublik und die NS-Vergangenheit,
München, C.H. Beck, 1996

Grohn, A (Hrsg.):
Perlonzeit,
Berlin, Elefanten Press, 1985

Grube, F.; Richter, G.:
Das Wirtschaftswunder. Unser Weg in den Wohlstand,
Hamburg, Hoffmann und Campe, 1983

Hammer, Wolfgang:
Wirtschaftswunderland,
in: Praxis Geschichte, Heft 6, 1996,
S. 24–29

Heinke, Peter:
Zwischen Furcht und Mitleid. Der Augenzeugenbericht eines unfreiwilligen KZ-Wächters,
in: Geschichte lernen, Heft 69, 1999,
S. 42–45

Holzhaider, Hans:
Sie nannten ihn den schönen Toni,
Süddeutsche Zeitung, Nr. 89, 18.4.2001

Klee, Ernst:
Auschwitz, die NS-Medizin und ihre Opfer,
Frankfurt a.M., Fischer TB, 2001

Klee, Ernst (Hrsg.):
Dokumente zur „Euthanasie",
Frankfurt a.M., Fischer TB, 1992

Kopke, Christoph (Hrsg.):
Medizin und Verbrechen,
Ulm, Klemm & Oelschläger, 2001

Löhndorf, Monika:
Die Banalität des Bösen,
in: Neue Züricher Zeitung, 28.10.1995

Meyer, S.; Schulze, E.:
Von Liebe sprach damals keiner. Familienalltag in der Nachkriegszeit,
München, Verlag C.H. Beck, 1985

Mitscherlich, Alexander; Mielke, Fred (Hrsg.):
Medizin ohne Menschlichkeit. Dokumente des Nürnberger Ärzteprozesses,
Frankfurt a.M., Fischer TB, 2001
(15. Auflage)

Molcho, Samy:
Körpersprache,
München, Mosaik-Verlag, 2001

Moser, Ulrike:
Gegen die Zeit,
in: Die Woche, 6.4.2001

Müller-Münch, Ingrid:
Die Frauen von Majdanek,
Reinbek, rororo aktuell, 1980

Hart und zart. Frauenleben 1920–1970,
Berlin, Espresso, 1990

Orth, Karin:
Das System der nationalsozialistischen Konzentrationslager,
Hamburg, Hamburger Edition, 1999

Parnass Peggy:
Majdanek, meine Tante Flora,
in: Kein schöner Land. Deutschsprachige Autoren zur Lage der Nation, Reinbek, Rowohlt, 1979

Pitzschke, Angela:
Frauenbild und Frauenwirklichkeit in den Fünfziger Jahren,
in: Geschichte lernen, Heft 35, 1993,
S. 55–61

Poell, K.; Tietze, W.; Toubartz, E.:
Wilde Zeit. Von Teddyboys und Technokids,
Mülheim, Verlag an der Ruhr, 1996

Quiliam, Susan:
Körpersprache erkennen und verstehen,
Niedernhausen, Bassermann, 1995

Reutler, Bernd:
Körpersprache erfolgreich einsetzen,
Berlin, Ullstein, 1996

Scharsach, Hans-Henning:
Die Ärzte der Nazis,
Wien, Orac, 2000

Schlink, Bernhard:
Der Vorleser,
Zürich, Diogenes Taschenbuch, 1997

Schlink, Bernhard:
„Gegen die Verlogenheit an sich" (Interview),
in: DIE WELT online, 3.4.1999

Schlink, Bernhard:
„Ich lebe in Geschichten" (Spiegel-Gespräch),
in: DER SPIEGEL, 4/2000, S. 180–184

Schlink, Bernhard:
„Auf dem Eis" (Essay),
DER SPIEGEL, 19/2001, S. 82–86

Schröm, Oliver; Röpke, Andrea:
Stille Hilfe für braune Kameraden. Das geheime Netzwerk der Alt- und Neonazis,
Berlin, Ch. Links, 2001

Sommer, Wilhelm:
Wem gehört Auschwitz? Die Deutschen und der Holocaust,
in: Geschichte lernen, Heft 69, 1999,
S. 14–22

Tröster, Monika (Hrsg.):
Lebensgeschichten aus Ost und West,
Deutsches Institut für Erwachsenenbildung (DIE),
Frankfurt, 1994

Walser, Martin:
Dankesrede für den Friedenspreis des Deutschen Buchhandels,
in: Die Zeit, 12.10.1998

Yahil, Leni:
Die Shoah. Überlebenskampf und Vernichtung der europäischen Juden,
München, Luchterhand, 1998

Zieger, Jürgen:
Mitten unter uns. Natzweiler-Struthof, Spuren eines Konzentrationslagers,
Hamburg, VSA Verlag, 1986

Im „Vorleser" vorkommende Autoren und Werke:

1. Anton Tschechow
2. Arthur Schnitzler
3. Eduard Mörike
4. Ernest Hemmingway
   („Der alte Mann und das Meer")
5. Franz Kafka
6. Friedrich Schiller
   („Kabale und Liebe")
7. Gottfried Benn
8. Gottfried Keller
9. Gotthold Ephraim Lessing
   („Emilia Galotti")
10. Heinrich Heine
11. Homer
    („Odyssee")
12. Immanuel Kant
13. Ingeborg Bachmann
14. Joseph von Eichendorff
    („Aus dem Leben eines Taugenichts")
15. Johann Wolfgang von Goethe
16. Lew Nikolajewitsch Tolstoj
17. Max Frisch
18. Rainer Maria Rilke
19. Siegfried Lenz
20. Stefan Zweig
21. Stendhal
    („Le rouge et le noir")
22. Theodor Fontane
23. Thomas Mann
    („Die Bekenntnisse des Hochstaplers Felix Krull")
24. Uwe Johnson

Übersichtskarte zur Verteilung der Konzentrationslager

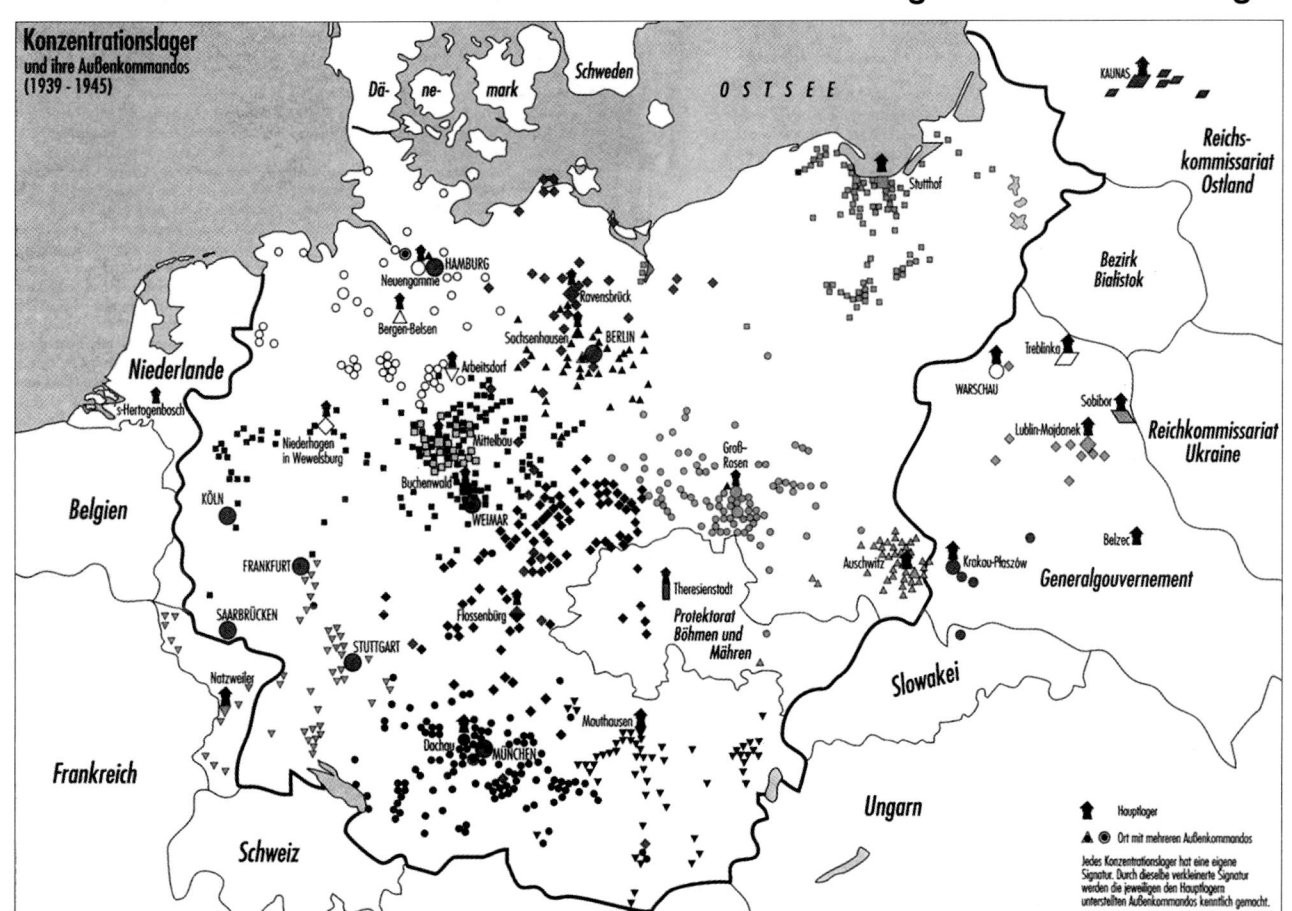

Anhang

Auflösung zu S. 10 „Lebensläufe"

HANNA

1922	–	geboren in Hermannstadt/Siebenbürgen
1939	–	Berlin, Fabrikarbeiterin bei Siemens
1943	–	SS, Lageraufseherin in Auschwitz; ⋯⋯> Vorleserinnen
1944/45	–	Aufseherinnen fliehen mit den Gefangenen nach Westen; Ereignisse der Bombennacht
1945 (Kriegsende)	–	???
1950	–	Heidelberg, Straßenbahnschaffnerin
19??	–	Hamburg
1966	–	Prozess, Verurteilung
1966	–	Strafgefangene
1978	–	Brief an Michael
1984	–	Begnadigung, Selbstmord am Tag vor der Entlassung

MICHAEL

1941	–	geboren in Heidelberg
1958	–	lernt Hanna kennen; Krankheit (Gelbsucht); Schule
1966	–	Abitur und Jura-Studium; Verführung von Sophie
1968	–	Referendariat
1969	–	Heirat der schwangeren Gertrud; Geburt von Julia
1974	–	Scheidung
1983	–	Brief von der Gefängnisdirektorin
1984	–	Regelung von Hannas Nachlass
1994	–	Michael beendet seinen Roman

Beziehungsphasen

Februar 1959	–	Beginn des Verhältnisses; Geliebter und Vorleser; Fahrradtour
Sommer 1959	–	Ende des Beziehung
1966	–	Prozessbeobachter
1974	–	Vorleser (auf Kassetten)
1984	–	Wiedersehen

Verlag an der Ruhr
Jetzt versteh' ich das!

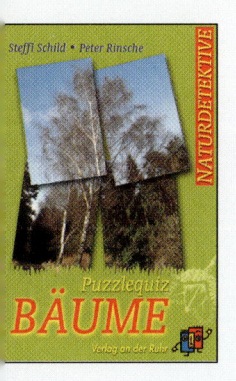

Naturdetektive
Puzzlequiz: Bäume
Steffi Schild, Peter Rinsche
Ab 8 J., 72 Bildkarten
mit Anleitung, Pappbox
ISBN 3-86072-583-1
Best.-Nr. 2583
12,80 € (D)/13,15 € (A)/22,40 CHF

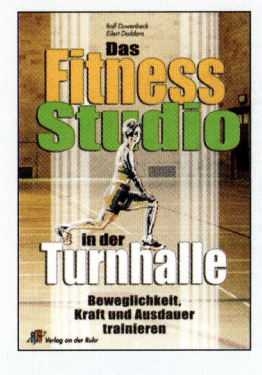

Das Fitness-Studio in der Turnhalle
Eilert Deddens, Ralf Duwenbeck
Kl. 10–13, 85 S., A4, Pb.
ISBN 3-86072-732-X
Best.-Nr. 2732
19,50 € (D)/20,– € (A)/34,20 CHF

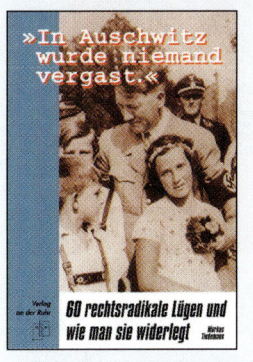

„In Auschwitz wurde niemand vergast."
60 rechtsradikale Lügen und wie man sie widerlegt
Markus Tiedemann
Ab 13 J., 184 S., 16 x 23 cm, Pb.
ISBN 3-86072-275-1
Best.-Nr. 2275
12,80 € (D)/13,15 € (A)/22,40 CHF

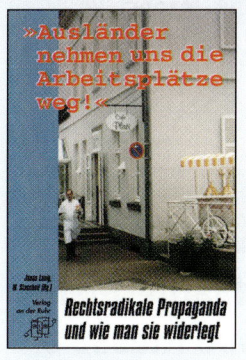

„Ausländer nehmen uns die Arbeitsplätze weg"
Rechtsradikale Propaganda und wie man sie widerlegt
Jonas Lanig, Wilfried Stascheit (Hg.)
Ab 13 J., 250 S., 16 x 23 cm, Pb.
ISBN 3-86072-394-4
Best.-Nr. 2394
13,80 € (D)/14,20 € (A)/24,20 CHF

Konfliktstoff Kopftuch
Eine thematische Einführung in den Islam
Jochen Bauer
Ab Kl. 9, 130 S., A4, Pb.
ISBN 3-86072-614-5
Best.-Nr. 2614
18,60 € (D)/19,15 € (A)/32,60 CHF

Biologie einfach anschaulich
Begreifbare Biologiemodelle zum Selberbauen mit einfachen Mitteln
Hans Schmidt, Andy Byers
Kl. 4–9, 176 S., A4-quer, Pb.
ISBN 3-86072-235-2
Best.-Nr. 2235
19,60 € (D)/20,15 € (A)/34,30 CHF

Miteinander klarkommen
Toleranz, Respekt und Kooperation trainieren
Dianne Schilling
Ab 10 J., 133 S., A4, Pb.
ISBN 3-86072-551-3
Best.-Nr. 2551
18,60 € (D)/19,15 € (A)/32,60 CHF

Gefühle spielen immer mit
Mit Emotionen klarkommen Ein Übungsbuch
Terri Akin u.a.
Ab 10 J., 95 S., A4, Pb.
ISBN 3-86072-553-X
Best.-Nr. 2553
17,– € (D)/17,50 € (A)/29,80 CHF

Selbstvertrauen und soziale Kompetenz
Übungen, Aktivitäten und Spiele für Kids ab 10
Terri Akin u.a.
Ab 10 J., 206 S., A4, Pb.
ISBN 3-86072-552-1
Best.-Nr. 2552
23,– € (D)/23,65 € (A)/40,30 CHF

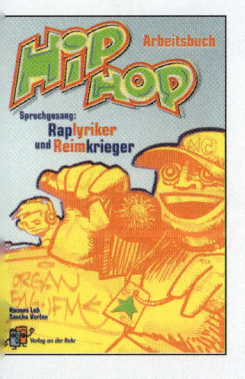

HipHop
Sprechgesang: Raplyriker und Reimkrieger – Ein Arbeitsbuch
Hannes Loh, Sascha Verlan
Ab Kl. 7, 128 S., 16 x 23 cm, Pb.
ISBN 3-86072-554-8
Best.-Nr. 2554
12,80 € (D)/13,15 € (A)/22,40 CHF

Kunst für ganz Schnelle
Ideen und Anschlussprojekte für 2–4 Stunden
Gerlinde Blahak
Kl. 5–13, 92 S., 16 x 23 cm, Pb., vierfarbige Fotos
ISBN 3-86072-659-5
Best.-Nr. 2659
14,80 € (D)/15,20 € (A)/25,90 CHF

Zusammen kann ich das
Effektive Teamarbeit lernen
Susan Finney
Ab 10 J., 196 S., A4, Pb.
ISBN 3-86072-499-1
Best.-Nr. 2499
21,50 € (D)/22,10 € (A)/37,70 CHF

Verlag an der Ruhr • Postfach 10 22 51 • D-45422 Mülheim an der Ruhr
Tel.: 0208/495040 • Fax: 0208/4950495 • E-Mail: info@verlagruhr.de • http://www.verlagruhr.de

www.verlagruhr.de

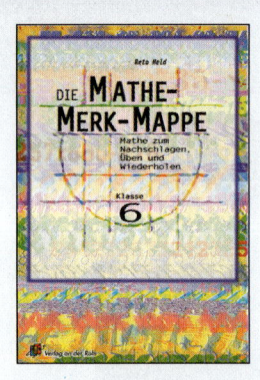

Die Mathe-Merk-Mappe Klasse 6
Mathe zum Nachschlagen, Üben und Wiederholen
Reto Held
Ab Kl. 6, 103 S., A4, Pb.
ISBN 3-86072-664-1
Best.-Nr. 2664
17,– € (D)/17,50 € (A)/29,80 CHF

Mathe für ganz Schnelle
Ergänzungs- und Zusatzaufgaben für die Orientierungsstufe
Kevin Lees
Ab Kl. 5, 51 S., A4, Papph.
ISBN 3-86072-574-2
Best.-Nr. 2574
17,– € (D)/17,50 € (A)/29,80 CHF

Literatur-Kartei:
„Der Vorleser"
Michael Lamberty
Ab Kl. 10, 98 S., Papph.
ISBN 3-86072-613-7
Best.-Nr. 2613
20,45 € (D)/21,– € (A)/35,80 CHF

Der richtige Satz am richtigen Platz
Training: Zielsicheres Schreiben, Textsorten kennen und nutzen
Murray Suid, Wanda Lincoln
Ab Kl. 7, 130 S., A4, Pb.
ISBN 3-86072-661-7
Best.-Nr. 2661
19,95 € (D)/20,50 € (A)/34,90 CHF

Lernspiele Römerzeit
Heide Huber
Ab 10 J., 119 S., A4, Pb.
ISBN 3-86072-408-8
Best.-Nr. 2408
21,50 € (D)/22,10 € (A)/37,70 CHF

Apostel, Mönche, Missionare
Die erste Ausbreitung des Christentums
Robert Wittek
Ab Kl. 7, 62 S., A4, Papph.
ISBN 3-86072-573-4
Best.-Nr. 2573
17,90 € (D)/18,40 € (A)/31,40 CHF

Hilfe, ich hab' einen Einstein in meiner Klasse!
Wie organisiere ich Begabtenförderung?
John Edgar, Erin Walcroft
96 S., A4, Pb.
ISBN 3-86072-735-4
Best.-Nr. 2735
19,50 € (D)/20,– € (A)/34,20 CHF

Konflikte selber lösen
Trainingshandbuch für Mediation und Konfliktmanagement in Schule und Jugendarbeit
Kurt Faller, Wilfried Kerntke, Maria Wackmann
Ab 10 J., 207 S., A4, Pb.
ISBN 3-86072-220-4
Best.-Nr. 2220
23,– € (D)/23,65 € (A)/40,30 CHF

Lern- und Konzentrationstraining
im 5. und 6. Schuljahr
Uta Stücke
Kl. 5–7, 125 S., A4, Pb.
ISBN 3-86072-656-0
Best.-Nr. 2656
20,40 € (D)/21,– € (A)/35,70 CHF

Kids' Corner
55 Five-Minute-Games
Sprachspiele für den Englischunterricht
Christine Fink
Kl. 1–6, 71 S., A5, Pb.
ISBN 3-86072-680-3
Best.-Nr. 2680
7,– € (D)/7,20 € (A)/12,60 CHF

Wir machen Theater!
6 Zeit- und Streitstücke für Jugendliche
Hans-Georg Kraus
Ab 12 J., 117 S., A4, Pb.
ISBN 3-86072-690-0
Best.-Nr. 2690
17,– € (D)/17,50 € (A)/29,80 CHF

Verlag an der Ruhr · Postfach 10 22 51 · D-45422 Mülheim an der Ruhr
Tel.: 0208/495040 · Fax: 0208/4950495 · E-Mail: info@verlagruhr.de · http://www.verlagruhr.de